T0225078

Die Ausrichtung des IT-Service-Managements auf die Digitalisierung

Nikolaos Mitrakis

Die Ausrichtung des IT-Service-Managements auf die Digitalisierung

Mit einem Geleitwort von Prof. Dr. Frank Victor

Nikolaos Mitrakis
Wuppertal, Deutschland

ISBN 978-3-658-25379-0   ISBN 978-3-658-25380-6   (eBook)
https://doi.org/10.1007/978-3-658-25380-6

Die Deutsche Nationalbibliothek verzeichnet diese Publikation in der Deutschen National-
bibliografie; detaillierte bibliografische Daten sind im Internet über http://dnb.d-nb.de abrufbar.

Springer Vieweg ist ein Imprint der eingetragenen Gesellschaft Springer Fachmedien Wiesbaden
GmbH und ist ein Teil von Springer Nature
Die Anschrift der Gesellschaft ist: Abraham-Lincoln-Str. 46, 65189 Wiesbaden, Germany

Geleitwort

Liebe Leserinnen und Leser,

IT-Service-Management kann man mit Recht als erfolgreichen Good-Practice-Ansatz bezeichnen, der weltweit in Unternehmen Anwendung findet. In den letzten Jahrzehnten sind durch ITSM die IT-Prozesse merklich effizienter und effektiver geworden. Außerdem hat ITSM dazu beigetragen, dass Begriffe wie Business Value und Business Alignment eine klarere und größere Bedeutung erlangt haben.

Das vorliegende Werk von Nikolaos Mitrakis ist eine überarbeitete Version seiner Masterarbeit, die er unter meiner Betreuung angefertigt hat. Es widmet sich der Fragestellung, welche Wechselwirkungen zwischen IT-Service-Management und digitaler Transformation bestehen.

Das interessante Ergebnis der Arbeit möchte ich an dieser Stelle nicht vorwegnehmen und nur festhalten, dass die Digitalisierung gravierende Auswirkungen auf ITSM hat – heute wie in der Zukunft. Andererseits kann man sagen, dass digitale Transformation nur dann erfolgreich sein kann, wenn Organisationen einen Mindestreifegrad in Sachen ITSM erreichen.

Ich wünsche den Leserinnen und Lesern viel Freude mit diesem Buch und Niko, dass sein Werk großen Zuspruch findet.

Prof. Dr. Frank Victor, Technische Hochschule Köln

Inhaltsverzeichnis

Abbildungsverzeichnis

Zusammenfassung

Diese Untersuchung hat sich mit den Begrifflichkeiten und Deutungen der Digitalisierung befasst, einen Überblick über die wesentlichen Eigenschaften der Digitalisierung aufgeführt, die Auswirkungen auf die Geschäftswelt sowie entsprechende Anforderungen an das Management in Unternehmen skizziert und schließlich geprüft, in welchem Verhältnis das IT-Service-Management zur Digitalisierung steht. Dabei wurde festgestellt, dass das IT-Service-Management und die Anforderungen der Digitalisierung in einem wechselseitigen Verhältnis stehen. Während das IT-Service-Management sich grundlegend auf die Digitalisierung ausrichten lässt, wird für eine digitale Transformation von Unternehmen ein gewisser Grad an Prozessen und Standardisierung vorausgesetzt. Es wurde festgestellt, dass Kunden und Services für Geschäftsmodelle in den Vordergrund treten und ein unternehmensweites Service-Management etabliert werden sollte.

1 Einleitung

Das IT-Service-Management ist eine Ansammlung von Prozessen und Methoden für IT-Organisationen, um IT-Services zu planen (Plan), zu entwickeln (Build), auszuliefern (Run) und sicherzustellen, dass die Qualität dieser IT-Services auch für den internen und externen Kunden angemessen ist. IT-Services können dabei mannigfaltig sein, wie in Form von Applikationen, Netzwerken, Daten, Vernetzung, Kommunikation, etc. Mit ITIL wurde das ITSM in den 1990er Jahren in wesentlichen Zügen durch Standards und Frameworks weiterentwickelt und konnte daher erfolgreich zur Steigerung von Effizienz und Effektivität der IT-Abteilung beitragen. Doch auch wenn die Best-Practices und Prinzipien von ITSM in der Geschäftswelt weit verbreitet und akzeptiert sind, kommt mit der Digitalisierung eine neue Welle von Anforderungen auf Unternehmen und die Informationstechnologie im Allgemeinen zu.

Die Digitalisierung wurde bereits recht früh in der Popkultur referenziert. Beispielsweise im Film Tron der 1980er Jahre konnten Menschen digitalisiert, also in digitale Signale transformiert, werden und dadurch in die Computerwelt eintreten. Spätestens aber seit Anfang der 2000er Jahre ist ein global-gesellschaftlicher Wandel deutlich zu beobachten. Er brachte auch einige Neologismen mit sich, welche vor allem die *Digital Natives* oft nutzen: googeln, mailen, twittern, posten, chatten, teilen, skypen. Dieser Wandel wird in der Literatur größtenteils als Digitalisierung oder digitaler Wandel beschrieben, da er vornehmlich durch den Einsatz von IT erfolgt. Während anfänglich noch darüber diskutiert wurde, ob IT-Investitionen einen unternehmerischen Mehrwert bringen können, z.B. durch Vertreter wie Nicholas G. Carr, hat sich mittlerweile ein Konsens etabliert. Die Digitalisierung betrifft sämtliche Geschäfts- und Lebensbereiche. In der Digitalisierung spielen Kunden für jedes Geschäftsmodell einen entscheidenden Faktor. Für Unternehmen erfordert sie daher eine entsprechende Anpassung von Geschäftspraktiken und Geschäftsmodellen, um wettbewerbsfähig zu bleiben. Denn traditionelle Geschäftsmodelle werden gehäuft durch digitale Geschäftsmodelle abgelöst. Nicht selten werden hier Begriffe wie Industrie 4.0, vierte industrielle Revolution, digitale Revolution, digitale Transformation, Digital Economy, Big Data, Cloud-Computing, Mobile-Computing, Social Media oder Internet of Things verwendet. Es stellt sich die Frage, in wie weit auch IT-Managementpraktiken wie das ITSM betroffen sein können und in welcher Beziehung diese zur Digitalisierung stehen. Um das zu untersuchen wird die Digitalisierung in dieser Untersuchung mit zusammenhängenden Begriffen und

© Springer Fachmedien Wiesbaden GmbH, ein Teil von Springer Nature 2019
N. Mitrakis, *Die Ausrichtung des IT-Service-Managements auf die Digitalisierung*,
https://doi.org/10.1007/978-3-658-25380-6_1

Eigenschaften eingegrenzt und mit ihren Auswirkungen auf die Geschäftswelt und das Management betrachtet. Anschließend wird geprüft, wie das ITSM hierdurch beeinflusst wird.

Das behandelte Thema dieser Untersuchung wird aktuell zunehmend erforscht. Fast täglich wurden während der Bearbeitungszeit neue wissenschaftliche Artikel mit Bezug zu dieser Untersuchung veröffentlicht.

2 Problemstellung

Grundlage dieser Untersuchung stellt die Forschungsfrage, in wie weit das IT-Service-Management (ITSM) den modernen Anforderungen der digitalen Transformation gerecht werden kann. Hintergrund ist, dass dem ITSM, z.B. in Form der Information Technology Infrastructure Library (ITIL), langsame Prozesse vorgeworfen werden, welche wenig agil sind und dadurch zu schädlichem Umgang mit Kundenwünschen führen. Dieses Defizit führt in Folge zu einer geringen Kundenzufriedenheit. Denn die Produkte oder Dienstleistungen, welche aus klassischen Vorgehensweisen erfolgen, setzen oft bereits veraltete Anforderungen um. Dies bringt IT-Organisationen den Ruf als reinen Dienstleister ohne eine besondere Innovationsfähigkeit. Im Kontrast dazu beinhalten moderne Anforderungen der digitalen Transformation eine stärkere Fokussierung auf den Endverbraucher oder Kunden, eine Änderung der Kommunikationsformen sowie eine direktere Umsetzung der Kundenwünsche.

Diese Arbeit versucht (1) die Eigenschaften der Digitalisierung zu identifizieren und (2) zu analysieren, wie diese Eigenschaften das ITSM beeinflussen und mit diesem vereinbar sind. Zunächst wird das Verständnis über die Digitalisierung und die digitale Transformation in der Literatur umfasst. Dann wird versucht, dieses auf das ITSM anzuwenden. Hierdurch soll gezeigt werden, dass das ITSM sehr wohl gestaltet werden kann, um modernen Anforderungen zu entsprechen.

Insgesamt liegt der Fokus auf einem generellen Überblick mit Diskussionspunkten. Es wird ein generelles Wissen zum ITSM vorausgesetzt, da eine Beschreibung des ITSM, z.B. in Form von ITIL, den Rahmen dieser Untersuchung überziehen würde. ITIL beschreibt viele Prozesse, welche in dieser Untersuchung aufgegriffen werden. Zudem wird Wissen zu theoretischen Grundlagen wie dem Werteinbehalt aus ITIL, den agilen Softwaremethoden, dem Paradigmenwechsel, den Kondratjew-Zyklen sowie der Disruption aus Lean Startup vorausgesetzt. Die verwendeten Theorien werden jedoch an entsprechenden Stellen in der Arbeit ausreichend beschrieben.

© Springer Fachmedien Wiesbaden GmbH, ein Teil von Springer Nature 2019
N. Mitrakis, *Die Ausrichtung des IT-Service-Managements auf die Digitalisierung*,
https://doi.org/10.1007/978-3-658-25380-6_2

3 Hypothesenbildung

Um die Problemstellung zu untersuchen bedient sich diese Untersuchung folgender Thesen und versucht sie jeweils durch ihre Hypothesen zu beantworten.

3.1 These 1: ITSM scheitert an den modernen Anforderungen der Digitalisierung

Die erste These kritisiert ITSM, indem sie die Relevanz des ITSM für moderne Anforderungen durch die Digitalisierung in Frage stellt. Die Kritik besteht darin, dass strenge Prozessbeschreibungen und deren Befolgung durch das ITSM wichtige Elemente von modernen Anforderungen, wie z.B. des agilen Projektmanagements, vernachlässigt. So erfordert jede Änderung die Genehmigung des Change Advisory Boards, während eigentlich näher am Fachbereich gearbeitet werden sollte. Die starre Struktur des ITSM und seiner Prozesse verfügt über keine Ausbaustufen, so dass Unternehmen für die Anforderungen der Digitalisierung nicht zukunftsweisend und erfolgreich aufgestellt werden können.

Hypothese 1: Wenn sich das ITSM nicht an die modernen Anforderungen der Digitalisierung anpassen lässt, dann ist es für einen zukunftsweisenden Einsatz in Unternehmen nicht geeignet.

Das Ziel dieser Untersuchung ist es, diese Hypothese zu überprüfen. Wenn ITSM den modernen Anforderungen der Digitalisierung angepasst werden kann, so kann diese Hypothese falsifiziert werden.

3.2 These 2: Ohne ITSM kann die Digitalisierung nicht erfolgen

Die zweite These enthält eine Antithese zur ersten These. Falls die erste These falsifiziert werden kann, wird mit der zweiten These vorausgesetzt, dass die Digitalisierung nur dann im Unternehmen vernünftig umgesetzt werden kann, wenn das ITSM einen gewissen Reifegrad besitzt. Ohne definierte Prozesse, Funktionen und Verantwortlichkeiten ist ein Digitalisierungsvorhaben demnach unmöglich. Das ITSM dient in dieser These als notwendiges Kriterium für die Digitalisierung.

Hypothese 2: Wenn die Digitalisierung ein strukturiertes Vorgehen in Bereichen erfordert, die von ITSM definiert sind, dann sind zumindest diese Teile des ITSM für ein Digitalisierungsvorhaben notwendig.

Ziel dieser Untersuchung ist es, auch diese These zu überprüfen. Wenn ITSM auch nur in Teilen notwendige Strukturen für die digitale Transformation

© Springer Fachmedien Wiesbaden GmbH, ein Teil von Springer Nature 2019
N. Mitrakis, *Die Ausrichtung des IT-Service-Managements auf die Digitalisierung*,
https://doi.org/10.1007/978-3-658-25380-6_3

von Unternehmen mitliefert, so können diese Teile als Grundvoraussetzung für Digitalisierungsvorhaben anerkannt werden. Falls die erste These bestätigt werden kann, ist die zweite These automatisch falsifiziert.

4 Digitalisierung

Als Grundlage zur Überprüfung der Thesen wird in diesem Abschnitt zunächst die Digitalisierung dargestellt. Um den Begriff der Digitalisierung und seine Relevanz für das IT-Service-Management näher betrachten zu können, muss dieser zunächst eingegrenzt werden. Da es sich um ein generelles, weites Thema handelt, welches mit vielen Wissenschaftsdisziplinen Berührung hat, lässt es sich, je nach Hintergrund oder Ziel, entsprechend einordnen. Diese Arbeit widmet sich daher den Quellen und der fachspezifischen Literatur für die IT.

4.1 Historische Betrachtung

Der Begriff „Digitalisierung" wird erstmals mit Gottfried Wilhelm Leibniz in Verbindung gebracht. Er entwickelte im Jahre 1679 mit dem Dualsystem, oder auch Binärsystem, eine Technik, um arabische Zahlen in binären Zeichen, zumeist 1 und 0, auszudrücken. Somit finden sich Anfänge für die Digitalisierung bereits in den Universalcodes, wie der Brailleschrift von 1829 oder dem Morsen ab 1837. Der Gedanke hierbei war es, durch festgelegte, universelle Codes spezifische Informationen über Medien, wie Licht- und Tonsignale, als binäres Signal zu übermitteln und austauschen zu können. Die Digitalisierung versucht also im eigentlichen Sinne, Dinge jeder Art in diesem Binärsystem darzustellen. Die Vorsilbe „digital" kommt dabei vom lateinischen Wort für „Finger" und bedeutet „zählbar". Das Binärsystem war aufgrund der Simplizität weniger fehleranfällig für Signalstörungen, was dazu führte, dass das Morse-Alphabet zusammen mit den Telegraphen zu einem internationalen Standard gemacht wurde. Das erste funktionsfähige, transatlantische Kabel für Telegraphie wurde 1866 fertiggestellt. Seither entwickelte sich die Informations- und Kommunikationstechnik weiter. Mit dem ersten elektronischen Computer im Jahre 1946 bis zum ersten Mikroprozessor im Jahre 1971 entstanden mehrere Anläufe für den Personal Computer. Dies führte letztlich, durch höhere Reifegrade der Technologie, zur Verarbeitung von Informationen in digitaler Form mit Hilfe von Computern. Zugleich entstand in den 1960ern der Vorreiter des Internets, welches letztlich 1989 als „World Wide Web" der Öffentlichkeit zugänglich gemacht wurde. Es ist ein System aus verbundenen Seiten mit graphischen Elementen, die über eine Browser-Software gelesen werden können (vgl. Vogelsang 2010: 7 f.). Der Prozess der Digitalisierung und seine anschließenden Effekte, welche auch als „Digitale Transformation" bezeichnet werden, wurden seit diesen jüngsten Entwicklungen sowohl in Diskussionen als auch Debatten unter Kritikern häufig themati-

© Springer Fachmedien Wiesbaden GmbH, ein Teil von Springer Nature 2019
N. Mitrakis, *Die Ausrichtung des IT-Service-Managements auf die Digitalisierung*,
https://doi.org/10.1007/978-3-658-25380-6_4

siert. Heute werden die Digitalisierung und die digitale Transformation in Literatur und Medien als ein globaler Trend, welcher etablierte Wertschöpfungsketten aller Lebensbereiche und Industrien betreffen soll und Begriffe wie mobile Apps, Big Data, Machine-to-Machine, Internet of Things, Industrial Internet und Industrie 4.0 umfasst oder als Katalysator, Enabler und Motor für die gesellschaftliche Entwicklung verstanden. Beim Verfassen der Untersuchung ist aufgefallen, dass monatlich neue wissenschaftliche Veröffentlichungen zu dem Thema gemacht werden, dabei aber unterschiedliche Aspekte betrachtet werden. Auch anderen Forschern ist aufgefallen, dass unterschiedliche Themengebiete die Digitalisierung und ihre Effekte aufgreifen (vgl. Khan 2016:4). Daher ist es wichtig, die tatsächliche Bedeutung der Digitalisierung kritisch zu hinterfragen, um ihre generelle Bedeutung für das ITSM zu ermitteln. Für Vogelsang bezieht sich die Digitalisierung auf die Verbreitung von digitalen Gütern und IT-Services über Netzwerke. Sie beinhaltet das Konzept, Informationen in binäre Zeichen umzuwandeln und stellt eine verlässlichere Transportation über lange Distanzen dar. Durch die Entwicklung des Internets, dem Fortschritt der IT-Technologie und einer Preisabnahme bei Gütern der Informations- und Kommunikationstechnik hätte sich die Digitalisierung der Wirtschaft beschleunigt. Studien auf Firmen-, Industrie- und Makro-Ebene zeigen, dass sich die Konsequenzen der Digitalisierung auf eine Vergrößerung der Arbeitsproduktivität und der totalen Faktorproduktivität auswirken sollen, wobei die genauen Ergebnisse im Detail pro Land, Sektor, Zeitperiode und verwendeter Methode abweichen. So nehme z.B. der Einfluss von Informations- und Kommunikationstechnik auf Produktivitätszuwachs seit 2000 in Industrieländern ab (vgl. Vogelsang 2010: 56).

4.2 Eingrenzung und Begriffe

Der Begriff „Digitalisierung" wurde in der Literatur unterschiedlich verwendet. Dieser Abschnitt stellt daher die unterschiedlichen Deutungen und die damit verbundenen Begriffe dar um einen greifbaren Rahmen zu definieren.

4.2.1 Digitization und Digitalization

In der englischsprachigen Literatur existieren die Begriffe „Digitization" und „Digitalization". Während die meisten Autoren beide Begriffe als Synonyme nutzen, macht die Beratungsfirma Gartner einen Unterschied zwischen beiden Wörtern fest. Die Digitization stellt für Gartner generell die Konversion von Analog zu Digital dar. Hierbei wird als Beispiel die Umwandlung der Musikträger von LPs zu CDs genannt oder ein Wandel der Stellenangebote von Zeitungen zu Ausschreibungen im Internet. Somit bezeichnet die Digitization eine techno-

logisch neue Umsetzung für alte Prozesse oder Vorgehensweisen. Die Digitalization hingegen beschreibe die Nutzung von digitalen Technologien, um Geschäftsmodelle zu verändern und um neue wertschöpfende Gelegenheiten sowie
Einnahmequellen zu beschaffen bzw. zu ermöglichen. Damit ist also die Transition zu einem digitalen Unternehmen gemeint, z.B. von LPs, CDs oder MP3s zu
Streaming-Diensten wie „Spotify" oder „SoundCloud". Gartner meint, dass die
Transition der Digitalization nicht erfolgreich sein könne, ehe sich die organisatorischen Praktiken, Prozesse sowie Kultur um das neue Geschäftsmodell drehen
würden (vgl. Kostoulas 2017). Die Digitization stellt somit eine Voraussetzung
für die Digitalization dar. Dies bestätigen auch Kalinowski und Verwaayen,
indem sie die Digitalisierung von Informationen seit den 1960er Jahren als erste
Evolutionsstufe der Digitalisierung beschreiben (vgl. Kalinowski und Verwaay-
en 2013: 495). An dieser Stelle lässt sich festhalten, dass die Digitalisierung für
einige Autoren in unterschiedliche Reifegrade eingeteilt werden kann (vgl. Hamidian und Kraijo 2013: 15-17).

4.2.2 Digitalisierung und digitale Transformation

Im deutschsprachigen Raum wird nicht explizit zwischen der Digitization und
der Digitalization unterschieden. So kann, je nach Quelle, mit der Digitalisierung
sowohl die Digitization als auch die Digitalization gemeint sein. Grundsätzlich
wird mit dem Begriff Digitalisierung der Einsatz technologischer Innovationen
im Geschäftskontext mit signifikantem Einfluss auf Produkte, Dienstleistungen,
Geschäftsprozesse, Absatzkanäle und Versorgungswege bezeichnet. Für Urbach
und Ahlemann beinhalten die damit verbundenen Nutzenpotenziale unter anderem die Steigerung von Umsatz oder Produktivität, Innovationen in der Wertschöpfung sowie neue Formen der Kundeninteraktion. Die Begriffe Digitalisierung und digitale Transformation können als Synonym verwendet werden. Die
Digitale Transformation habe dabei disruptive Konsequenzen für viele Unternehmen und Branchen, sodass eine Weiterführung des analogen Geschäfts oftmals keine Option darstelle. Aufgrund des weitreichenden Charakters der technologischen Veränderungen wäre dabei zu erwarten, dass diese disruptiven Veränderungen deutlich weitreichender seien als etwa die unmittelbaren Folgen
durch die Einführung des Internets. Dabei könne es dazu kommen, dass vormals
erfolgreich operierende Unternehmen in kurzer Zeit ihre dominierende Stellung
im Wettbewerb einbüßen (vgl. Urbach und Ahlemann 2016: 10). Aktuell befän-
den wir uns im Zeitalter der digitalen Transformation, welches einen Appell an
die Unternehmen stelle, die Geschäftsmodelle zu hinterfragen und unter Einsatz
neuer Technologien weiterzuentwickeln, um nicht ein „Opfer" der disruptiven
Kraft der Digitalisierung zu werden (vgl. Urbach und Ahlemann 2016: 10 f.).
Diese Definition findet aktuell den größten Konsens in der Literatur und wird

daher für diese Untersuchung als Grundlage genutzt. Sie entspricht der bereits angeführten Definition der Digitalization von Gartner. Die Begriffe „Digitalisierung" und „digitale Transformation" stellen also übergreifend kapselnde Begriffe dar, welche die größeren, technisch-induzierten Veränderungen in der Gesellschaft beschreiben. Dies führt dazu, dass die Begriffe oft mit anderen Begriffen wie der Mechanisierung, Automatisierung, Industrialisierung und sogar Robotisierung verwechselt werden. Manche sehen in der digitalen Transformation den global beschleunigten Prozess der technischen Adaption von Individuen, Unternehmen, Gesellschaften und Nationen, was als Resultat der Digitalisierung erfolgt. Hierdurch stellt z.B. Khan den Begriff der Digitalisierung auf gleiche Ebene wie den Begriff der Globalisierung, da beide nur schwer mit einer einzigen Bedeutung oder Definition beschrieben werden können. Beispiele für den aktuellen Prozess des Wandels durch die Digitalisierung oder die digitale Transformation kommen oft aus Branchen der Medien, des Banken- und Versicherungswesens sowie der Telekommunikation, welche sich mitten in einer großflächigen digitalen Transformation befinden (vgl. Khan 2016: 6 f.).

4.2.3 Digitalisierung und Web 2.0

Im Zusammenhang mit der Digitalisierung wird auch das Internet sowie das „Web 2.0" erwähnt. Dieses Kapitel definiert diesen Zusammenhang und den Begriff Web 2.0. Grundsätzlich bietet das Internet, laut Vogelsang, klare Vorteile für die Übermittlung digitalisierter Signale, welche anhand unterschiedlicher Protokolle, auf die sich Sender und Empfänger einigen, enkodiert und dekodiert werden. Im Gegensatz zu Telegraphen funktioniert dies automatisch, was für höhere Geschwindigkeit und Komfort sorgt. Insgesamt fördert es somit die Digitalisierung und bietet ökonomische Ebenen, nämlich Netzwerke, IT-Services und digitale Güter. Während Netzwerke die physische Übertragung von Daten betreffen, beziehen sich IT-Services auf die Administration der Systeme, wie z.B. Applikationsprotokolle oder Applikationsservices, z.B. Browser, E-Mail-Clients, Streaming etc. Daher könne Software sowohl als IT-Service als auch als digitales Gut verstanden werden. Digitale Güter stellen für Vogelsang eine neue Klasse von Gütern mit speziellen ökonomischen Eigenschaften dar, die erst durch das Internet und die digitale Speicherung möglich wurden. Gemeint sind damit Inhalte, wie z.B. Texte, Daten, Audio, Video, etc. (vgl. Vogelsang 2010: 8 f.). Der Begriff Web 2.0 wurde bei einer vom Verleger „TIM O'REILLY" veranstalteten Brainstorming-Session im Jahr 2004 geprägt und steht dem einfachen Internet bzw. dem „Web 1.0" gegenüber. Auf dieser Veranstaltung sollten Prinzipien anhand von Kernkompetenzen von Firmen, die den Crash der „New Economy" in den Jahren 2002 und 2003 überlebt hatten und heute erfolgreich sind, identifiziert und aufgestellt werden. Diese Prinzipien waren (1) die Nutzung des Web als Plattform, z.B. durch Cloud-Computing, (2) die Einbeziehung der kollektiven Intelligenz der Nutzer, (3) der Zugang zu Daten und deren Weiterentwicklung, z.B. durch Big Data, (4) das Vertrauen in Anwender als Mitentwickler, (5) die rentable Besetzung von Nischen sowie (6) die Erstellung von Software über die Grenzen einzelner Geräte hinaus. Durch die Einbeziehung der kollektiven Intelligenz der Nutzer wird der „Onliner" vom Konsumenten auch zum Produzenten. Somit wurde die Konsumentenrolle des „Prosumenten" geschaffen. Dieser übernimmt aktiv Rollen in der Wertschöpfungskette, ob als Produzent von neuen Inhalten, wie z.B. durch Crowdsourcing, oder im Vertrieb durch Weiterempfehlungen. Dies fördert auch das Vertrauen in Anwender als Mitentwickler, wodurch viele Online-Angebote nicht als fertiges Produkt in den Markt eingeführt werden müssen, sondern als Grundgerüst. Die Internet-User entwickeln diese Basis-Anwendung dann weiter, entweder durch Anregungen oder mit Hilfe des offengelegten Programmiercodes der Software-Anbieter. Hierunter fallen die Open-Innovation oder Customer-Engineering-Projekte. Das Internet erlaubt zudem z.B. durch das sogenannte Long-Tail-Business-Modell die rentable Besetzung von Nischen, wo aktiv mehrere Nischen bearbeitet und dadurch ausgeschöpft werden können. Dies ist vor allem durch wegfallende Lager- und Ausstellungskosten und andererseits durch ein riesiges Einzugsgebiet möglich geworden. Gefiltert, mit Suchkriterien ausgestattet und sortiert, werden diese Nischenprodukte durch Bewertungen und Einteilungen einer Community katalogisiert (vgl. Hamidian und Kraijo 2013: 5 f.). Der technologische Fortschritt erlaubte die Weiterentwicklung des Internets zum Web 2.0, welcher durch die Erhöhung der Datenübertragungsraten und durch den Verfall der Internetnutzungskosten begünstigt wurde. Während die Grundpfeiler des Web 1.0 (1) Suche, z.B. durch „Google", (2) Shopping, z.B. durch „Amazon", (3) Textinhalte, z.B. durch Firmenhomepages und (4) Textkommunikation, z.B. durch E-Mail und Chat, waren, erweiterte das Web 2.0 die Nutzererfahrung. So kamen (5) audiovisuelle Möglichkeiten mit Videos, Bildern und Musik sowie (6) Mashups hinzu, welche Applikationen und Daten unterschiedlicher Herkunft zusammenführen und verknüpfen. Application Programming Interfaces (APIs), also offene Programmierungsstellen, erlauben eine Kollaboration von Applikationen und Websites, wie z.B. die Integration von Karten oder Streaming-Videos auf Blogs. Zudem erlaube (7) Ajax (Asynchronous JavaScript and XML) eine asynchrone Datenübertragung vom Client zum Server, weshalb Nutzer komplette Websites nicht neu laden müssten, da einzelne Elemente innerhalb der Website aktualisiert werden können. Diese nennen sich Rich User Interfaces, also funktionsreichhaltige Benutzeroberflächen (vgl. Hamidian und Kraijo 2013: 6). Das Web 1.0 erzeugte für Hamidian und Kraijo viele positive Erfahrungen bei Anwendern, was das notwendige Vertrauen in das Internet für Web 2.0 ebnete und somit zur

Selbstdarstellung und Kollaboration einlud. Hierdurch entstanden Communities, also virtuelle Gemeinschaften von Internet-Anwendern, die ähnliche oder gleiche Interessensgebiete haben und über das Internet miteinander kommunizieren sowie gemeinsam neue Inhalte schaffen. Durch das „Tagging" geben Benutzer eines Dienstes Schlagwörter zu den Inhalten ab und steigern dadurch die Qualität und den Wert von Daten. Die Autoren sehen es für den Erfolg einer Community als ausschlaggebend an, dass kreative, aktive Nutzer neue Inhalte erstellen (Creator) sowie mitteilungsfreudige, begeisternde Mitglieder Inhalte bewerten und weiterempfehlen (Sharer). Durch funktionierende Communities können Inhalte kostenlos produziert und zur Verfügung gestellt werden, mit dem sogenannten „User-Generated Content" (dt. „benutzererstellte Inhalte"). Weit gefasst steht das Web 2.0 laut Hamidian und Kraijo für alles, was sich im Netz und um das Netz herum seit dem New Economy Crash Anfang der 2000er Jahre weiterentwickelt habe, z.B. das mobile Web, welches verschiedene Lebensbereiche und Endgeräte an das Internet anbinden lässt und somit für die Digitalisierung von hoher Bedeutung ist. Denn ohne diese Vernetzung wären Themen wie Cloud-Computing, Mobile-Computing und Big Data nicht möglich, welche es erlauben digitale Ökosysteme wie Wohnung, Arbeitsplatz, Auto, etc. mit technischen Geräten wie Smartphones, Tablets, Fernsehern, etc. untereinander und mit den Anwendern per Datenübertragung abzustimmen und zu synchronisieren (vgl. Hamidian und Kraijo 2013: 8 f.). Die Entwicklung des Internets kann auch in drei Wellen untergliedert werden. Das Web 1.0 war demzufolge eine reine Geschäftsinfrastruktur, welche Geschäftsmodelle wie E-Commerce, Freemium, Open-Source-Software und die Digitalisierung erlaubte. Das Web 2.0 wäre dann das Internet als Social-Media-Plattform, wo Anwender über soziale Medien und Netzwerke einen Mehrwert liefern, wie z.B. im User-Generated-Content, Crowdsourcing, Crowdfunding, Long-Tail und Open-Source-Inhalten. Als nächster Schritt käme das Web 3.0 als Internet of Things, wo Sensoren Mehrwerte liefern (vgl. Weinberger et al. 2016: 65). Dieses Kapitel hat gezeigt, dass das Internet in verschiedene Reifegrade unterteilt wird. Dabei stellt die Entwicklung vom Web 1.0 zum Web 2.0 einen wichtigen Entwicklungsschritt für die Digitalisierung dar. Hierdurch wurde das Internet vom reinen Übermittler digitalisierter Signale zum tragenden Element der Digitalisierung. Der Begriff Web 2.0 umfasst entscheidende Technologien, die für die Digitalisierung einen besonderen Stellenwert haben.

4.2.4 Digitalisierung und Industrie 4.0

Da der aktuellen Entwicklung der Digitalisierung eine hohe volkswirtschaftliche Bedeutung beigemessen wird, wird im Zusammenhang mit ihr auch von der vierten industriellen Revolution gesprochen. Als Grundlage für diese Bezeichnung wird die Theorie der Kondratjew-Zyklen genutzt, auch wenn sie nicht unbedingt immer referenziert wird. So werden die industriellen Evolutionsstufen unterschieden, (1) mit der Einführung von mechanischen Produktionsanlagen mithilfe von Wasser- und Dampfkraft als erste industrielle Revolution, (2) mit der Einführung arbeitsteiliger Massenproduktion mithilfe von elektrischer Energie als zweite industrielle Revolution sowie (3) mit dem Einsatz von Elektronik und Informationstechnologie zur weiteren Automatisierung der Produktion als dritte industrielle Revolution (vgl. Urbach und Ahlemann 2016: 13). Autoren wie Wittpahl definieren außerdem die dritte industrielle Revolution als eine Produktrevolution, während die vierte industrielle Revolution eine Systemrevolution darstellen soll. Daher sei ein grundsätzliches Umdenken notwendig (vgl. Wittpahl 2017: 6). Dass diese Einstufung in Revolutionen sehr subjektiv erfolgen kann, zeigen andere Autoren, die bei der netzwerkbasierten Digitalisierung von der fünften industriellen Revolution sprechen. Sie definieren die industriellen Revolutionen z.B. durch (1) Dampf, (2) Stahl, (3) Elektrizität sowie (4) Petrochemie (vgl. Vogelsang 2010: 3). Grundsätzlich wird in der Literatur mit dem Begriff „Industrie 4.0", in Anlehnung an den Begriff Web 2.0, eine Anwendung der Digitalisierung bezeichnet, z.B. auf eine Fabrik der Zukunft in der aktuellen digitalen Transformation. Im angelsächsischen Raum wird hierfür der Begriff „Industrial Internet of Things" oder „Industrial IoT" verwendet (vgl. Gassmann und Sutter 2016: 5). Dabei sollen sich miteinander kommunizierende Maschinen und Werkstücke selbst organisieren und mit Lieferanten sowie Kunden vernetzt sein. So soll eine intelligente Fabrik selbst erkennen, wie viele Teile wann und in welcher Stückzahl produziert werden müssen, während Vorprodukte und Rohstoffe automatisch bestellt werden. Hieraus resultiert eine hohe Flexibilität, welche z.B. die „Mass Customization", also die Herstellung von Kleinserien oder sogar von kundenindividuellen Produkten mit „Losgröße 1" zum Preis vergleichbarer Standardprodukte ermöglicht (vgl. Urbach und Ahlemann 2016: 13). Die hierfür notwendige Technologie stünde teilweise bereits heute zur Verfügung, darunter z.B. Global Positioning System (GPS), Radio Frequency Identification (RFID) oder auch Near-Field Communication (NFC). Ebenso steuern Videoüberwachungen, drahtlose Netzwerke wie Wireless LAN (WLAN oder auch WiFi) oder Long-Term Evolution (LTE) und zunehmend auch intelligente Verpackungen dazu bei, Informationen über das zu transportierende Gut zu speichern und den Status des Gutes mit Hilfe von Sensoren zu erfassen (vgl. Urbach und Ahlemann 2016: 45). Dieses Kapitel hat gezeigt, dass Begriffe wie Industrie 4.0, Industrial IoT, etc., Anwendungsfälle der Digitalisierung darstellen.

4.2.5 Moores Gesetz

Das mooresche Gesetz (engl. „Moore's Law") dient für einige Autoren, z.B. Gassmann und Sutter sowie Samulat, als logische Grundlage der derzeitigen Digitalisierungswelle. Es besagt, dass sich die Komplexität integrierter Schaltkreise mit minimalen Komponentenkosten regelmäßig verdoppelt. D.h., dass sich die Leistungsfähigkeit der Computer in gewissen Abständen verdoppelt. Dabei hat das „Gesetz" für Gassmann und Sutter eine normative Funktion, welche die Halbleiterindustrie dazu bringt hohe Summen in Forschung und Entwicklung zu investieren, um einen steten Fortschritt zu erreichen. Durch den technologischen Fortschritt ist es heute möglich, alle Dinge und Prozesse zu sehr niedrigen Kosten zu computerisieren, was die Grenze zwischen physischer Welt und digitaler Welt immer stärker verschwimmen lässt. Hieraus ergibt sich das Internet der Dinge als logische Konsequenz (vgl. Gassmann und Sutter 2016: 6). Für Samulat ist deshalb der technische Fortschritt ein stärkerer Treiber der neuen industriellen Revolution als die Industrie selbst, also die Konsequenz omnipräsenter Vernetzung, die Generierung und Verarbeitung von Daten sowie das Nutzverhalten der Konsumenten selbst. Folglich sei die Logik des moorschen Gesetz auf alle Branchen zu übertragen, da sich alles computerisieren lasse. Dies übertrage zugleich die Innovationsdynamik auf alle Branchen, in denen Technik die Hoheit über Produktionssysteme oder Kundenschnittstellen besitzt (vgl. Samulat 2017: 22 f.). Moores Gesetz treibt also die allgemeine Digitization und anschließend die Digitalisierung an.

4.3 Eigenschaften der Digitalisierung

Aufgrund der unterschiedlichen Definitionen der Digitalisierung werden ihr zwangsläufig unterschiedliche Eigenschaften zugesprochen. Fast jede Veröffentlichung findet dabei eigene Aspekte, welche der Digitalisierung zugeschrieben werden und entsprechend untersucht werden. Dieser Abschnitt versucht die ähnlichsten Ideen zur Digitalisierung aufzugreifen und nebeneinander darzustellen. Der Fokus für die Auswahl fiel dabei auf jene Eigenschaften, die für das ITSM und eine spätere, gemeinsame Betrachtung mit der Digitalisierung relevant sein könnten.

4.3.1 Reifegrade der Digitalisierung

Die Digitalisierung wird als allumfassend und auf vier Grundelementen basierend beschrieben: (1) dem E-Business, (2) internetbasierten Wertversprechen, (3) intelligenten Wertketten sowie (4) digitalen Geschäftsmodellen (vgl. Sauer et al. 2016: 17).

Dabei beginne jegliche Digitalisierungsaktivität laut den Autoren mit (1) dem E-Business als Kernvoraussetzung für den weitreichenderen digitalen Wandel. Unternehmen seien informationsverarbeitende Entitäten und daher sei der Einsatz von IT eine logische Folge. In den Anfängen der Digitalisierung, dem E-Business, galt die Anwendung der IT eher der Unterstützung. Dabei wurden sämtliche bestehenden Prozesse, Strukturen und Produkte in elektronischer Form abgebildet. Dies ermögliche eine komplette Reflexion entlang der Wertschöpfungskette zur Effizienzsteigerung des gesamten Unternehmens. Mithilfe des Internets konnten vor allem Anfang der 1990er Jahre neue Geschäftspraktiken analysiert werden. Hierzu gehören auch die Begriffe E-Supply-Chain, also die Optimierung bestehender Strukturen durch elektronischen Kommunikationsmedien, sowie E-Commerce, also die Übertragung kaufmännischer Prozesse in die Online-Welt. Der Gewinn durch E-Business bestünde dabei in der Optimierung von Kosten, Zeit und Qualität. Denn durch die elektronische Unterstützung ließen sich Prozesskosten und Prozesszeiten reduzieren sowie durch aktuellere Daten eine globale Reichweite mit verbesserten Kollaborationsbedingungen schaffen (vgl. Sauer et al. 2016: 18 f.). Insofern können Parallelen zwischen dem E-Business und dem vorgestellten Begriff der Digitization hergestellt werden, da das E-Business als eine Form der Digitization interpretiert werden kann.

(2) Das internetbasierte Wertversprechen und (3) die intelligente Wertkette seien zwei Stoßrichtungen der Digitalisierung welche einerseits (zu 2) die Produkt- und Servicelogik und andererseits (zu 3) die Prozesslogik von Unternehmen radikal verändern (vgl. Sauer et al. 2016: 17 f.). Das (2) internetbasierte Wertversprechen impliziere dabei eine tiefgreifende Veränderung zum Kunden hin. Die Grundmotivation digitalisierter Produkte sei aber nicht neu und basiere auf einer zunehmenden Dienstleistungsorientierung und Verbraucherfreundlichkeit. Durch Social Media, Mobile-Computing, Big Data Analytics und Cloud-Computing (SMAC-Technologien) bekomme dieses Thema einen weiteren Schub, da die Logiken des Wertversprechens und des Produkts radikal verändert werden können. So führe dieser Punkt dazu, dass zahlreiche B2B-Unternehmen Chancen auf direkten Endkundenkontakt erhalten und somit neue Geschäftsmodelle im Bereich B2B2C eröffnen können. Internetbasierte und digitale Wertversprechen würden eine weitreichende Dienstleistungsorientierung von Produkten, Dienstleistungen und Geschäftsprozessen bedeuten, woraus sich mehr Transparenz und direktere Kundeninteraktion und -integration ergebe (vgl. Sauer et al. 2016: 19 f.).

(3) Die intelligente Wertkette hingegen umfasse die Informatisierung von Fertigung und Logistik durch Maschine-zu-Maschine-Kommunikation, auf die sich die Wertschöpfungskette konzentriere und mit welcher weitreichende Veränderungen im inter- und intraorganisationalen Kontext einhergehen. Im

deutschsprachigen Raum sei dies vor allem unter „Industrie 4.0" und im angelsächsischen Raum unter „Industrial IoT" bekannt, was der vorgestellten Definition entspricht. Ziel hierbei ist es also, die Unternehmensprozesse der Forschung,
Entwicklung und Produktion nicht nur lediglich digital abzubilden, sondern auch
grundlegend zu verändern. Ein Ergebnis dieser Entwicklung könne z.B. die
selbststeuernde Fabrik sein. Das vernetzte Unternehmen der Zukunft soll durch
Lösungen für intelligente Wertketten nicht nur interne, sondern auch intraorgani-
sationale Prozesse flexibler, dezentraler und effizienter steuern können (vgl.
Sauer et al. 2016: 21 f.).

Zuletzt integriere (4) das digitale Geschäftsmodell sowohl (1) E-Business,
(2) internetbasierte Wertversprechen als auch (3) intelligente Wertketten (vgl.
Sauer et al. 2016: 18). Digitalisierte Geschäftsprozesse erlauben eine höhere
Präsenz und Bindung eines Unternehmens nach außen. Die Anwendung digitaler
Technologien ließe das Unternehme intern und intraorganisational schneller
agieren, kooperieren und reagieren. Um schließlich ein digitales Geschäftsmodell
als höchsten Reifegrad zu erreichen, müssten sowohl Wertversprechen als auch
Wertketten digital angepasst oder überarbeitet werden. Hierdurch ließe sich das
zentrale Charakteristika der „Convenience" (dt. „Bequemlichkeit" bzw. „Zweck-
dienlichkeit") erreichen. Es weise auf eine hohe Dienstleistungsorientierung
innerhalb digitaler Geschäftsmodelle hin, was von anderen Quellen auch als
Humanisierungseffekt oder IT-Konsumerisierung bezeichnet wird. Dabei hingen
Dienstleistungen immer stärker von der Integration eines externen Faktors, z.B.
des Kunden, ab und variierten dadurch hinsichtlich ihrer Qualität. Durch die
engere Verzahnung der Leistung in die Wertschöpfungskette des Kunden fielen
Produktion und Konsumption zeitlich zusammen. Außerdem wird eine Intangibi-
lität von Dienstleistungen, also eine Nicht-Greifbarkeit der Leistung, als wesens-
bestimmendes Merkmal für digitalisierte Geschäftsmodelle festgestellt (vgl.
Sauer et al. 2016: 22 f.).

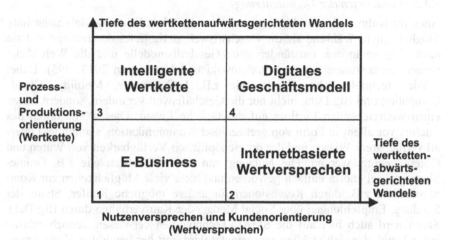

Abbildung 1: Die vier Formen der Digitalisierung in der Wertkette laut Sauer (Sauer et al. 2016: 23)

Abbildung 1 fasst die Möglichkeiten der Digitalisierung eines Unternehmens und seines Geschäftsmodells anhand der Dimensionen „Wertkette" und „Wertversprechen" zusammen. Beim (1) E-Business müsse sich das Produkt eines Unternehmens nicht maßgeblich verändern, da das Unternehmen auf bestehenden Strukturen aufsetzen könnte. Hierdurch veränderte sich auch die Prozesslandschaft nur inkrementell. Dies könne bereits als digitalisiertes Geschäftsmodell bezeichnet werden. Das E-Business sei Kernvoraussetzung aller weiterer Digitalisierungsaktivitäten. (2) Das internetbasierte Wertversprechen verlange nach einem weitreichenderen Einsatz digitaler Technologien und verändere die Produktlogik des Geschäftsmodells grundlegend. Falls ein Unternehmen die Digitalisierung im Sinn (3) intelligenter Wertketten anstreben sollte, stünde es vor einer gesamthaften Veränderung der Prozessketten. Das Kernprodukt bleibe aber von den Prozessänderungen weitgehend unberührt. (4) Das digitale Geschäftsmodell führe schließlich alle Fäden zusammen (vgl. Sauer et al. 2016: 22 f.).

Hamidian und Kraijo zählten, durch viele Kundenprojekte inspiriert, bereits 2013 die Bereiche E-Commerce, Mobility, Cloud-Computing und Big Data zu den großen Trends der Digitalisierung. Da sie jeweils valide Gegenbeispiele fanden, entstand ihre Idee der Paradoxien der Digitalisierung (vgl. Hamidian und Kraijo 2013: 15).

4.3.2 Paradoxien der Digitalisierung

Auch für Kalinowski und Verwaayen bietet die Digitalisierung viele ungeahnte Möglichkeiten. Während sie die Geschäftswelt stetig tiefer durchdringe und sie nachhaltig verändere, entstünden neue Geschäftsmodelle und die Welt rücke immer weiter zusammen (vgl. Kalinowski und Verwaayen 2013: 495). Dabei würden technologische Trends, wie z.B. E-Commerce, Mobility, Cloud-Computing und Big Data, nicht nur die Geschäftswelt verändern, sondern hätten einen weitreichenden Einfluss auf das tägliche Leben. Dies würde durch das Internet vor allem in Form von grenzenloser Kommunikation, ständig und überall verfügbarem Wissen und der unerschöpflichen Verfügbarkeit von Waren und Gütern genutzt werden. Die Nutzung von Online-Diensten wie z.b. Online-Shopping, sei enorm einfach geworden und biete viele Möglichkeiten zur Kommunikation, z.b. durch Rezensionen für andere mögliche Käufer, Status der Sendung, Empfehlungen über Social Media oder Kaufverhalten durch Big Data. Somit wird auch hier auf die SMAC-Technologien verwiesen. Jedoch brächte jeder Trend, der sich etabliert und genutzt wird, mit der bewirkten Veränderung auch Nachteile. Es werden einige Gegenbeispiele aufgeführt, wo sich Trends der Digitalisierung nur schwer oder gar nicht durchsetzen konnten. Hieraus werden vornehmlich fünf Paradoxien der Digitalisierung abgeleitet (vgl. Kalinowski und Verwaayen 2013: 489).

(1) Das Haptik-Paradoxon beschreibt das Dilemma des Anwenders, einerseits Produkte physisch anfassen zu wollen und somit ihre Funktionalität zu überprüfen sowie andererseits schnell und bequem über digitale Transaktionen an diese heranzukommen. Es kommt der oben beschriebenen Nicht-Greifbarkeit der Leistung nahe, betrifft den eigentlichen Wandel von physischen zu digitalen Formaten und erfolgt in drei Phasen. Erstens die Substitution realer Produkte durch Digitale, zweitens die Integration von Digitalem in Physisches sowie drittens die Verschmelzung der digitalen und echten Welt durch sogenannte Augmented-Reality-Anwendungen (vgl. Hamidian und Kraijo 2013: 15).

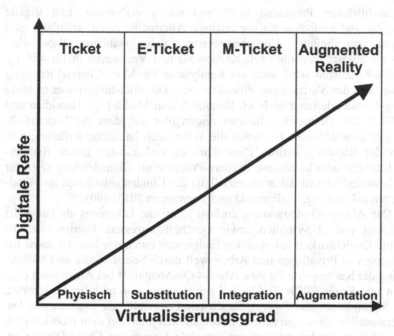

Abbildung 2:   Die drei Phasen der Virtualisierung gemäß Hamidian und Kraijo
(Hamidian und Kraijo 2013: 16)

Wie in Abbildung 2 zu sehen, können beispielsweise Konzertkarten in allen dieser Phasen erworben werden. Zunächst physisch, als ausgedruckte Konzertkarte; danach substituiert als Electronic Ticket (E-Ticket), also ein scanbarer Barcode auf dem Smartphone; dann integriert als Mobile Ticket, welches nur noch digital auf dem Smartphone verfügbar ist; zuletzt als digitale Abbildung des Konzertsaals (vgl. Hamidian und Kraijo 2013: 16 f.). Mittlerweile hätte sich der Kauf von E-Tickets oder Mobile Tickets etabliert. Um das Gefühl von Sicherheit zu vermitteln bestünde meist noch die Möglichkeit, das Ticket zusätzlich auszudrucken. Ein Gegenbeispiel für diese Entwicklung wäre die Einführung der Geldkarte über einen zusätzlichen Chip auf den Girokarten, welche sich noch nicht durchsetzen konnte. Der Mehrwert der Bargeld-Digitalisierung mit der Geldkarte war anscheinend für viele Kunden nicht erkennbar. Dies betreffe auch moderne Umsetzungen für Smartphones, wo das Smartphone mit Prepaid-Geldbeträgen aufgeladen werden kann und durch die NFC als Zahlungsmittel genutzt werden kann. Daraus wird gefolgert, dass es keine wirkliche Auflösung des Haptik-Paradoxon geben könne. Haptik sei viel mit Gewohnheit und daher mit eingeschliffenen Prozessen und Denkweisen verbunden. Erst digiale Prozesse, die viel einfacher als die analoge Alternative seien, erlaubten eine Etablierung von digitalen Vorgehensweisen, wobei etablieren dabei eher ergänzen als ablösen bedeute (vgl. Kalinowski und Verwaayen 2013: 489 f.). Das Haptik-Paradoxon wird auch als Katalysator für Multi-Channel-Retailing bezeichnet, also den Vertrieb von Produkten oder Dienstleistungen über mehrere Marketing-Kanäle, darunter viele im Bereich Social Media (vgl. Hamidian und Kraijo 2013: 15). Online-Bestellungen zeigen hier auf, dass der Einkauf für Kunden erst abgeschlossen ist, wenn die Ware auch haptische Kriterien, z.B. Passform der Kleidung, erfüllt. Dies führt zu vorhersehbar hohen Retoure-Quoten. Einfache oder kostenlose Retoure-Prozesse als Dienstleistung seien für die Wettbewerbsfähigkeit daher essenziell, da die Kundenbedürfnisse im Mittelpunkt stehen müssen (vgl. Kalinowski und Verwaayen 2013: 490).

(2) Das Always-On-Paradoxon umfasst sämtliche Dilemmas als Folge der Mobilisierung von IT-Systemen sowie Geschäftsprozessen. Hierbei sind die permanente Erreichbarkeit von mobilen Endgeräten durch das Internet sowie die Vermischung von Privatleben und Arbeitswelt durch Social Media und Mobile-Computing die Kernaspekte für eine Always-On-Mentalität bei Anwendern (vgl. Hamidian und Kraijo 2013: 5). Um bei der Nutzung von mobilen Endgeräten, wie z.B. Smartphones und Tablets, für digitale Informationen, Systeme und Daten sicherzustellen, dass vertrauliche Informationen nicht auf dem mobilen Endgerät vorgehalten werden müssen, greifen viele Firmen auf Cloud-Dienste zurück (vgl. Hamidian und Kraijo 2013: 15). Denn eine große Herausforderung im Bereich Mobility sei der Umgang mit dem Kontrollverlust durch den „Bring Your Own Device" (BYOD) Trend, d.h. wenn Mitarbeiter eigene Endgeräte für die Arbeit nutzen bzw. die Trennung von Arbeit und Privatleben für das Endgerät schwimmend sind, z.B. bei Außendienstlern, die wichtige Präsentationsdaten auf mobilen Endgeräten speichern, welche auch privat verwendet werden. Die IT ist in der Verantwortung sensible Unternehmensdaten und auch personenbezogene Daten vor Missbrauch und Angriffen von außen zu schützen. Auch die Nutzung von öffentlichen Netzwerken, unsicheren Drittapplikationen sowie Datenverlust durch gestohlene oder verlorene Geräte muss in künftige Geräte- und Sicherheitskonzepte eingebunden werden. Während einerseits notwendige Daten auf einem Endgerät vorgehalten werden müssen, zwecks Performance und Offline-Fähigkeit, bieten Online-Lösungen oftmals mehr Sicherheit für die Daten (vgl. Hamidian und Kraijo 2013: 18). Das Hauptproblem dieses Paradoxons sei die durchgängige Umsetzung der erarbeiteten Geräte- und Sicherheitskonzepte, da eine klare Trennung von Geräten und Infrastruktur nicht mehr möglich sei. Alle dem mobilisierten Prozess beteiligten Gruppen sowie die Unternehmensführung müssen für die Einhaltung der Konzepte einstehen. Hierbei sei die Gewähr-

leistung der Datensicherheit oberstes Gebot. Für eine Trennung von privaten und geschäftlichen Daten wäre außerdem eine Erweiterung der Compliance-Richtlinien notwendig. Bestimmte Daten benötigen rechtssichere Konzepte, so dass selbst wenn das mobile Endgerät Eigentum des Mitarbeiters ist, eine Revisionssicherheit gewährleistet sowie eine eindeutige Zuordnung von Personen und Daten zu deren Aktivitäten erlaubt wird. Da noch eine Vielzahl weiterer Punkte für den erfolgreichen Einsatz moderner mobiler Szenarien zu betrachten wären, wird eine Thematisierung dieser unternehmensweiten Veränderung im gesamten Unternehmen empfohlen, statt lediglich in der IT-Abteilung (vgl. Kalinowski und Verwaayen 2013: 491 f.).

(3) Das Sicherheits-Paradoxon beschreibt den widersprüchlich erscheinenden Bedarf, vertrauliche Daten zu einem Cloud-Anbieter so auszulagern, dass dieser die Daten nicht missbrauchen, aber dennoch effektiv und effizient verarbeiten kann. Als Konsequenz des Paradoxons wird die Grundidee des Cloud-Computing untergraben, also dass beliebige Ressourcen weltweit genutzt werden können. Durch die Verbreitung von Cloud-Diensten in Form von Software-as-a-Service (Saas) spielen emotionale Komponenten, Sicherheitsaspekte, Privatsphäre und Governance eine tragende Rolle. Während die Digitalisierung im privaten Bereich zu einem neuen freizügigeren Verständnis von Datenschutz und Datensicherheit geführt habe, ließe sich dieses Verständnis nicht auf Unternehmen übertragen. Ansätze zur Reduzierung von Sicherheitsbedenken sollten z.B. die Private Cloud oder die „Deutsche Cloud" anbieten. Den Potenzialen des Datenmissbrauchs müsse entgegnet werden, indem Daten in der Cloud gemäß den internen Security- und Compliance-Regelungen vertraulich behandelt werden. Hierfür sei die Verschlüsselung von Daten bei Übermittlung und Speicherung hilfreich. Daten müssten aber zur sinnvollen Verarbeitung zumindest teilweise unverschlüsselt vorliegen (vgl. Hamidian und Kraijo 2013: 18 f.). Zudem gäbe es für die personenbezogene Datenverarbeitung regionale bzw. länderspezifische Bestimmungen, wie z.B. das Bundesdatenschutzgesetz (BDSG) für deutsche Unternehmen, unabhängig davon ob die Daten in einer abgeschlossenen IT oder in einer Cloud verarbeitet werden. Cloud-Services stellen daher kein unproblematisches Unterfangen für Unternehmen dar, vor allem da nahezu jeder Mitarbeiter mit Internetzugang solche Services nutzen kann. Es wird vorgeschlagen das Sicherheits-Paradoxon aufzulösen, indem genau geprüft wird, an wen die eigenen Daten weitergegeben werden und wo diese Daten durch Dienstleister verarbeitet werden. Als Beispiel wird der im Jahre 2001 erlassenen „Patriot Act" genannt, welcher dem FBI über einen Gerichtsbeschluss oder über einen selbst erlassenen „National Security Letter" Zugriff auf Daten von Telefonanbietern, Internetprovidern oder Cloud-Dienstleistern erlaubt. Dies steht z.B. im Konflikt mit einer BDSG-konformen Weiterverarbeitung. Das Thema IT-Sicherheit sei

daher für sämtliche Abteilungen und Fachbereiche wichtig und transparent zu halten (vgl. Kalinowski und Verwaayen 2013: 492 f.) und bestimme den Fortschritt der Digitalisierung maßgeblich.

(4) Das Intimitäts-Paradoxon bezieht sich auf Kunden und Anwender, welche z.B. nur Werbung erhalten möchten, die für sie relevant ist. Gleichzeitig verbieten sie selbigen Werbetreibern, aus Gründen der Privatsphäre, Daten über das bisherige Buchungsverhalten und sonstige Interesse zu sammeln und zu diesem Zweck zu nutzen (vgl. Hamidian und Kraijo 2013: 16). Damit adressiert dieses Paradoxon vor allem das Thema Big Data, wo sehr große Mengen von Daten für unternehmerische Entscheidungen gesammelt und durch Analyse-Tools genutzt werden sollen. Neben Problemen der Auswertung dieser Datenmengen wird auch das Problem des gläsernen Kunden gesehen, welcher nicht wünscht transparent zu sein, also anhand seines bisherigen Verhaltens berechnet zu werden, obwohl er zugleich individuelle und bedarfsgerechte Betreuung begrüßt. Hier stehen sich also im Kern das Verlangen des Kunden nach aufgeklärter Selbstbestimmung und die Unsicherheit bei der Entscheidungsfindung gegenüber. Während beispielsweise die Bereitschaft Daten zu teilen hoch ist bei Anwendungen oder Informationen wie E-Mail, Telefon, Adresse, Fotos, würde diese Bereitschaft mit steigendem Bedürfnis der Datensicherheit schwinden, z.B. bei Informationen zu Position, Lebensstil, politischen Ansichten, Einkünften oder Gesundheit (vgl. Hamidian und Kraijo 2013: 20 f.). Die weiten Grenzen des Datenmissbrauchs werden als Gefahr gesehen, welche einen großen Spielraum für die Nutzung von Daten zur Optimierung von Geschäftsprozessen erlauben, z. B. beim persönlichen Einkaufserlebnis während des Online-Shoppings. Zudem unterliegen nur deutsche Websites dem BDSG, was zeigt, dass sich das Intimitäts-Paradoxon nicht über Regeln und Gesetze auflösen lässt, sondern die Ethik und Moral von internationalen Unternehmen und Organisationen adressiert (vgl. Kalinowski und Verwaayen 2013: 493 f.). Aufgrund der Menge von Daten aus diversen Quellen wird gleichzeitig eine maschinenbasierte Analyse und Interpretation für notwendig gehalten, um eine spezifische Information, ein Profil oder eine Analyse aus solchen Daten zu erstellen. Das kann z.B. durch elektronische Algorithmen ohne eine Qualitätssicherung oder Kontrolle durch Menschen erfolgen. Dies erlaube jedoch noch elektronische Fehlinterpretationen, z.B. bei schlechter Datenqualität oder Falschangaben, und sei noch immer kein Schutz gegen Missbrauch und Diebstahl von Daten und somit die Intimität jedes Einzelnen. Hierbei bleibt ungeklärt, ob dies überhaupt langfristig gewährleistet werden könne und wer die Verantwortung hierfür übernehmen könnte (vgl. Kalinowski und Verwaayen 2013: 494).

(5) Das Entfernungs-Paradoxon bedeutet, dass z.B. über soziale Netzwerke alte Kontakte weit weg vom Heimatort lokal aufgefunden werden können, aber

dass andererseits Gruppen vor Ort die verbale Kommunikation zugunsten von Chats in sozialen Netzwerken am Smartphone unterbrechen (vgl. Kalinowski und Verwaayen 2013: 495). Es beschreibt also einen Wandel im Umgang mit Kommunikation und Distanz.

Zusammenfassend wurden dargestellt, dass die Vorteile der Digitalisierung für Anwender teilweise an ihre Grenzen stoßen.

4.3.3 Treiber der Digitalisierung

Urbach und Ahlemann stellen fest, dass Plattformen als Geschäftsmodell wichtiger sind, als die jeweiligen Inhalte. Neben der Intensität dieser Veränderungen ist auch die Schnelligkeit des Wandels bemerkenswert. Als eine zentrale Ursache hierfür könne die veränderte Geschwindigkeit der Nutzerakzeptanz neuer Medien auf Konsumentenebene angeführt werden. Es seien, laut einer Studie von Accenture und Oxford Economics, digitale Technologien, die bis zum Jahr 2020 mit 1,36 Billionen US-Dollar zum globalen ökonomischen Gesamtergebnis beitragen könnten (vgl. Urbach und Ahlemann 2016: 1 f.).

Für sie zählen (1) Social Media, (2) Mobile-Computing, (3) Big Data und (4) Cloud-Computing zu wichtigen Themen, mit welchen sich das IT-Management auseinandersetzen müsse. Diese werden von einigen Quellen und auch in dieser Arbeit als SMAC-Technologien referenziert. Urbach fügt noch (5) das Internet of Things sowie (6) Intelligente Systeme als wichtige Themen hinzu. Diese sechs Themen sind für sie explizit die Treiber der Digitalisierung, was aber auch andere Autoren ähnlich annehmen.

(1) Social Media umfasse internetbasierte Softwaresysteme, die es ihren Benutzern erlauben, sich untereinander zu vernetzen und auszutauschen. Verbunden damit sei meist auch die Möglichkeit, multimediale Inhalte bereitzustellen oder auch kollaborativ zu erstellen. Hierdurch wäre die IT-Konsumerisierung hervorgetreten, d.h. ein starker Fokus auf Benutzerfreundlichkeit und einfacher zu bedienende IT-Anwendungen. Dies wird später in dieser Arbeit ausgeführt. Unternehmen könnten Social Media als Kundenschnittstelle und zur externen Kommunikation nutzen, wie z.B. als neue Kanäle für Marketing-, Vertriebs- und Serviceprozesse (vgl. Urbach und Ahlemann 2016: 4). Auch von anderen Autoren werden die vielfältigen Chancen zur Erleichterung der Kommunikation und zum Aufbau von Netzwerken durch Social Media bestätigt. Aufwärts der Wertkette würden geschlossene, soziale Netzwerke die Möglichkeit bieten, Mitarbeiter und Teams über Zeitzonen und Standorte hinweg zu vernetzen. Ein gut funktionierendes, internes, soziales Netzwerk (Intranet) könne dabei gleichzeitig als Wissensmanagementsystem und Innovationsquelle dienen, da Informationen zentral und intuitiv gesammelt werden. Abwärts der Wertkette würden soziale Netzwerke vielfältige Marketing- und Vertriebsmöglichkeiten bieten, um mit

Kunden in direkten Kontakt zu treten und eine Community um ein bestimmtes Produkt oder eine Dienstleistung zu bilden. Dabei wird zwischen „Paid Social Media", also z.b. bezahlten Anzeigen auf Facebook oder „Twitter", die eine bestimmte Zielgruppe mit einer kontrollierten Nachricht erreichen sollen, und aktiver Kundenkommunikation, z.B. im Beschwerdemanagement, unterschieden. Ein gelungener sozialer Marketingauftritt solle zu einem zentralen Bestandteil jeder Digitalisierungsstrategie werden (vgl. Sauer et al. 2016: 20).

(2) Das Mobile-Computing wird vornehmlich durch die Weiterentwicklung des Mobiltelefons zum internetfähigen Smartphone beschrieben, erlaubt aber durch zahlreiche Anwendungen eine Ablösung von zahlreichen, nicht Telefonie-bezogenen Produktkategorien, wie z.b. tragbaren Computern, Organizern, PDAs, MP3-Playern, Spielekonsolen, Navigationsgeräten, Taschenlampen, Weckern und Digitalkameras (vgl. Urbach und Ahlemann 2016: 6). Im B2C-Bereich zeige sich dies durch mobile Apps und Plattformen wie „iTunes" oder „Google Play Store". Bis Ende 2017 solle sich die weltweite Zahl von App-Downloads mehr als verdoppeln. Im E-Business, insbesondere im E-Commerce, spiele das Marketing die vorrangige Rolle der mobilen App. Denn durch eine eigene App würden viele Anbieter Kunden nachhaltig an sich binden. Allein in den letzten drei Jahren sei der Konsum von In-App-Produkten und -Services um 30 Prozent gestiegen. Mobile Apps seien darüber hinaus vielfältig und für alle Möglichkeiten der Digitalisierung entlang der gesamten Wertschöpfungskette einsetzbar, z.B. in der Industrie 4.0 zur Steuerung von Logistik- oder Produktionsketten (vgl. Sauer et al. 2016: 20 f.). Für Kalinowski und Verwaayen ist der Wunsch der mobilen Datenverarbeitung fast so alt wie die Datenverarbeitung selbst und existiere schon viele Jahre in einer Vielzahl von Prozessen. Durch Smartphones und Tablets habe sich allerdings der klassische Ansatz der Mobilisierung von Geschäftsprozessen stark verändert. Statt einer Effizienzsteigerung stünde das Thema BYOD zunehmend im Vordergrund. Neben einer schwereren Trennung zwischen privater und geschäftlicher Nutzung erlaubten die mobilen Endgeräte gleichzeitig eine größere Anzahl an Mitarbeitern, Geschäftspartnern und Kunden, die sich miteinander verbinden könnten. Dies beeinflusse auch, wie ein Unternehmen bei der Suche nach hochqualifizierten Mitarbeitern hinsichtlich flexibler Arbeitszeitmodelle attraktiver werden müsse (vgl. Kalinowski und Verwaayen 2013: 491).

(3) Big Data kann in der Literatur auch unter den Stichwörtern „Big Data Analytics" oder „Smart Data Analytics" aufgefunden werden. Laut Urbach und Ahlemann unterscheide es sich von dem Thema „Business Intelligence" dadurch, dass enorm große Datenmengen effizient verarbeitet werden können. Zudem sei eine standardisierte Erfassung von Daten keine strikte Voraussetzung für deren Verarbeitung mehr (vgl. Urbach und Ahlemann 2016: 3). Big Data erlaube durch

bessere Daten, Kauf- und Dienstleistungsangebote mit einer hohen Wahrscheinlichkeit der Akzeptanz anzubieten. Dabei können tageszeitenabhängige emotionale Verfassung, Ereignisse im Tagesablauf und soziale Interaktionen von Käufern in Echtzeit berücksichtigt werden, um gezielt ihre aktuellen Kaufneigungen anzusprechen. Durch Social Media, Mobile- und Cloud-Computing sei dies prinzipiell auf jedem Vertriebskanal möglich und erlaube eine noch nie da gewesene Form des 1:1-Marketings. Unter Umständen verstehen Unternehmen hier den Konsumenten in Echtzeit besser als er sich selbst. Eine Herausforderung wäre hier, die Produkte und Dienstleistungen auch ebenso schnell entwerfen, produzieren und anbieten zu können (vgl. Urbach und Ahlemann 2016: 42). Big Data könne für Forecasting-Prozesse genutzt werden, ohne manuelle Aufwände oder firmenpolitische Motivation. Durch sogenannte „Predictive Analytics" ergebe sich die Möglichkeit, aus granularen Daten automatisiert Prognosen zu generieren. Innerhalb kürzester Zeit sollen durch geringe Reaktionszeiten innerhalb festgelegter Wert- und Risikogrenzen schnelle Entscheidungen getroffen werden können, welche auf Wahrscheinlichkeiten von Prognoseergebnissen basieren (vgl. Urbach und Ahlemann 2016: 50 f.). Kalinowski und Verwaayen stimmen zu, dass neue Technologien und Trends zu der Notwendigkeit führen immer größer werdende Datenmengen zu verarbeiten. Es würde für Unternehmen zunehmend wichtiger werden aus den unaufhaltsam wachsenden Datenmengen detaillierte Informationen abzuleiten und Prognosen zu erstellen, um neue Geschäftsfelder zu generieren und/oder um die Wettbewerbs- bzw. Marktposition zu stärken (vgl. Kalinowski und Verwaayen 2013: 493). Auch andere Autoren sehen in digitalen Technologien die Chance zur Datenanalyse, insbesondere um Vertriebs- und Marketingprozesse auszusteuern und zu optimieren. Verankert seien diese Technologien im Bereich B2C, wo durch direkte Kundenansprache Umsätze erzielt werden. Vermehrt würden Datenanalysewerkzeuge aber auch im B2B-Bereich zur Recherche und Analyse von Verhandlungsprozessen angewandt werden. Durch das Sammeln, Aggregieren, Strukturieren und Auswerten von Daten über Kundenverhalten, Kaufprofile, Kontakthistorien etc. ließen sich detaillierte Kundenprofile erstellen sowie die Effektivität von Vertrieb und Marketing messen. „Google Analytics" wird als Beispiel für eine effektive Technologie zur Marketingoptimierung benannt. Hiermit ließen sich Abverkäufe und Conversions auf Webseiten analysieren und mit spezifischen Marketingmaßnahmen verknüpfen. Als Beispiel für die Vertriebsoptimierung wird „Salesforce" genommen, eine internetbasierte Software, die digitale Customer-Relationship-Systeme (dt. „Kundenbeziehungssysteme") individualisierbar für das jeweilige Unternehmen anbiete. Hierdurch könnten detaillierte Kundeninformationen gesammelt und zur effektiven Steuerung von Vertriebsteams genutzt werden (vgl. Sauer et al. 2016: 21).

(4) Das Cloud-Computing sehen Urbach und Ahlemann als einen Paradigmenwechsel in der Bereitstellung von IT-Infrastrukturen. IT-Leistungen, z.B. Speicher, Software oder Infrastruktur, könnten von den Details ihrer physischen Beschaffenheit über ein Netzwerk, z.B. dem Internet, abstrahiert und zur Verfügung gestellt sowie genutzt werden. Die wesentlich technologische Innovation hierbei bestünde im effizienten Einsatz von Virtualisierungstechnologien sowie gestiegenen Netzwerk-Bandbreiten, doch käme das Cloud-Computing einer Vision der „IT aus der Steckdose" recht nah. Es entfallen langwierige Implementierungs- und Installationszeiträume sowie aufwändige Wartungsarbeiten, da die Serviceerbringung meist durch einen Dienstleister geschähe. Zudem seien Cloud-Lösungen beliebig skalierbar sowie nutzenabhängig zu vergüten (vgl. Urbach und Ahlemann 2016: 4). Auch andere Autoren sehen in Cloud-Services die Chance, Prozesse zur Datenverarbeitung und -speicherung entlang der gesamten Wertschöpfungskette zu beschleunigen und häufig hohe Kosten für lokale IT-Lösungen zu senken. Zentraler Faktor für die erfolgreiche Umsetzung eines Cloud-Service sei hierbei immer die Sicherheit von Daten und Datenschnittstellen (vgl. Sauer et al. 2016: 21).

(5) Urbach und Ahlemann sehen das Internet of Things als eine Vernetzung und Kommunikation von Dingen mit dem Internet, die keine klassischen Computer oder mobile Endgeräte sind, sondern zunehmend auch z.B. Maschinen und andere Geräte. Dies ließe sich durch Sensoren und Aktoren erreichen, welche aus eigentlich analogen Dingen cyber-physische Systeme schaffen, also einen Verbund aus mechanischen und elektronischen Teilen mit informationstechnologischen Komponenten, die dadurch virtuell repräsentiert werden können. Auch Urbach und Ahlemann verstehen den Begriff „Industrie 4.0" unter diesem Unternehmenskontext, also ein Produktionsumfeld, das aus intelligenten, sich selbst steuernden Objekten besteht, die sich zur Erfüllung von Aufgaben zielgerichtet temporär vernetzen (vgl. Urbach und Ahlemann 2016: 7 f.).

(6) Intelligente Systeme sind für Urbach und Ahlemann das Ergebnis der Forschungsarbeiten im Gebiet der künstlichen Intelligenz, also Computern mit menschenähnlicher Intelligenz, welche eigenständig komplexe Probleme bearbeiten können. Dies geschehe meist auf Grundlage vernetzter Rechnerverbünde. Durch die Fähigkeit, selbstständig Informationen aus Daten zu gewinnen und Schlüsse zu ziehen, sollen solche intelligenten Systeme zukünftig etwa im Kundenservice Anwendung finden (vgl. Urbach und Ahlemann 2016: 8 f.).

4.3.4 Megatrends der digitalen Transformation

Autoren wie Samulat sehen die Digitalisierung nur als einen Effekt neben anderen, welche auf die digitale Transformation oder die Industrie 4.0 einsteuern. Das finale Resultat, also den finalen Reifegrad, stelle die Industrie 4.0 bzw. das Industrial IoT dar. Der Wunsch nach der Industrie 4.0 stoße dabei die digitale Transformation an oder erzwinge sie sogar. Hier findet er vier Treiber und gleichzeitig Megatrends der digitalen Transformation: (1) die Digitalisierung, (2) die Vernetzung, (3) die Mobilität und (4) die Analytik (vgl. Samulat 2017: 18 f.).

In der (1) Digitalisierung sieht er die Verschmelzung der realen Welt und der Simulation. Damit bezieht er sich auf die Definition der Digitization, wo reale Dinge virtuell dargestellt werden. Dies bezieht er z.B. auf die Kommunikation, wie den Chat. Eine digitale Simulation von Dingen erlaube wiederverwertbare Bausteine, was für die Automatisierung in der Industrie 4.0 kosteneffektivere Tests in der Entwicklung erlaubt, z.B. durch A/B-Tests. Er spricht in diesem Zuge auch Microservices an, also konsequente Weiterentwicklungen anhand von Kundenanforderungen, indem mit dem Kunden digital interagiert wird (vgl. Samulat 2017: 19 f.).

(2) Die Vernetzung sieht Samulat ähnlich wie die Autoren zuvor. Er bezieht sie stark auf die Industrie 4.0, wodurch Kommunikation zwischen digitalen Komponenten möglich wird. Er beschreibt hierfür die Schnittstellen „Enterprise Service Bus" und „Manufacturing Service Bus", über welche die Kommunikation im Unternehmensbereich sowie die Kommunikation über den Produktionsbereich erfolgen soll (vgl. Samulat 2017: 21 f.).

(3) Die Mobilität entspricht dem Mobile-Computing. Er bezieht sich auf den Arbeitsplatz, welcher eine Mischung aus dem Home-Office und einem virtuellen Office sei. Datenschutz und Datensicherheit sind dadurch ein Problem, aber auch Themen wie BYOD werden angerissen. Die Sensoren und „Aktornetze" für das Industrial IoT zählt Samulat zu diesem Punkt (vgl. Samulat 2017: 22).

Mit (4) der Analytik umfasst er Themen wie Big Data und Smart Data, welche für ihn jedoch noch weit entfernt scheinen. Durch Business Intelligence seien die größten Erkenntnisse dieser Technik bereits gefunden. Aufgrund der Datenmengen würde eine kluge Interpretation der Daten im Vordergrund stehen. Dies sei nur durch künstliche Intelligenz möglich (vgl. Samulat 2017: 22 f.).

Dieses Kapitel zeigte, dass der Begriff Digitalisierung für manche Autoren lediglich einen Trend neben vielen darstellt. Die Beobachtungen, welche durch die andere Betrachtungsweise möglich werden, lassen sich aber mit anderen Autoren zusammenführen. So finden sich die SMAC-Technologien in Form von Mobilität und Analytik auch hier wieder.

4.3.5 *Effekte der Digitalisierung*

Der Autor Khan untersucht in seiner Arbeit den Einfluss der Digitalisierung auf das Top-Management. Durch seine Literaturrecherche sowie durch 13 Experteninterviews stellt er dabei sechs Eigenschaften der Digitalisierung fest: (1) die Vernetzung (engl. „interconnectedness") und Integration von Unternehmen,

Tools, Kommunikation sowie sozialer Interaktion, (2) schwindende Verzögerungseffekte (engl. „time lag") sowie Überfluss an Informationen, (3) erhöhte Transparenz und Komplexität, (4) die Entfernung von Hierarchien und Auflösung von Personal-Barrieren, (5) die Vereinfachung von Entscheidungen und Steigerung von Integrität sowie (6) einen Humanisierungs-Effekt.

(1) Khan führt im ersten Punkt näher aus, dass das Teilen von Wissen und Praktiken sowie das Modellieren von Mikro- und Makroökonomischen Zusammenhängen zu einer höheren Produktivität, Nachhaltigkeit, Qualität und Effektivität in strukturierten Umgebungen und außerdem zu mehr Kreativität, Innovation, dynamisches Networking und Beteiligung in unstrukturierten Umfeldern führe. (2) Als Folge der schwindenden Verzögerungseffekte sowie dem Überfluss an Informationen sieht Khan kürzere Zeitrahmen zur Entscheidungsfindung, erhöhte Geschwindigkeit der Informationsverteilung, organisatorisches Echtzeit-Management und verbesserte Formen der Interaktion. Beispielsweise Smartphones, Tablets und Social Media würden hierauf zurückgreifen, da diese hierdurch erst möglich bzw. sinnvoll seien. (3) Um der steigenden, organisatorischen Komplexität mit einer organisatorischen Transformation entgegenzutreten, müsse eine höhere Transparenz erfolgen. Dabei erfordere z.B. die Digitalisierung der Konsumenten eine höhere Transparenz von Händler-Prozessen (vgl. Khan 2016: 17 f.). Da Organisationen dynamischer werden müssten, seien auch Veränderungen in der Organisationshierarchie notwendig, damit der Wissenstransfer von den jüngeren Generationen durch sogenannte „Reversementoring Programs" auch an das Top-Management oder Senior-Executives zurückgeleitet werden kann. Dies ginge auch mit einer strategischen Anpassung (engl. „strategic alignment") vieler Bereiche des Unternehmens mit der IT einher, was somit auch die IT-Governance beanspruche. (5) Durch die Digitalisierung würden sich Prozesse zur Entscheidungsfindung beschleunigen, sowohl auf strategischer Seite als auch auf Kundenseite. Daher sei Integrität der Geschäftspartner ein wichtiger Faktor, um Vertrauen aufbauen zu können. (6) Zuletzt vereinfache die Digitalisierung laut Khan für Menschen, wie sie interagieren, kommunizieren und sich durch virtuelle Plattformen und Tools verbinden. Dies sei authentischer und intuitiver als zuvor, da sich auch Menschen und Maschinen bzw. Computer oder Roboter mehr miteinander verbinden. Dies bezeichnet er als Humanisierungseffekt (vgl. Khan 2016: 18 f.), welcher dem vorgestellten Begriff der Convenience oder der später vorgestellten IT-Konsumerisierung gleicht. Diese sechs Eigenschaften möchte Khan nicht als theoretisches Werkzeug nutzen, da er selbst feststellt, dass sie generalisiert, komplementär, dualistisch und sich überlappend sein können. Das liege vor allem daran, da sich jedes Charakteristikum auf unterschiedliche Perspektiven und Merkmale der Digitalisierung beziehe (vgl. Khan 2016: 20). Jedoch folgert er aufgrund dieser sechs fundamentalen, rudimentären Eigen-

schaften, dass die Digitalisierung einen großen Einfluss auf das Management von Unternehmen haben wird und daher einen holistischen Ansatz erfordert. Eine schnellere Transformation der Unternehmen und Arbeitsgruppen sei durch disziplinübergreifende (engl. „cross-disciplinary") und funktionsübergreifende (engl. „cross-functional") Arbeit zu ermöglichen. Führungskräfte müssten über externe sowie interne Effekte der Digitalisierung im Bilde sein und hierfür die Mitarbeiter als ein Netzwerk (engl. „network of hubs") nutzen (vgl. Khan 2016: 44 f.).

4.4 Auswirkungen auf die Geschäftswelt

Da die Digitalisierung gravierende Auswirkungen auf die Art und Weise der Geschäftspraxis hat, betrifft dies auch unmittelbar das ITSM als Managementpraxis. Dieser Abschnitt widmet sich den Auswirkungen der vorgestellten Eigenschaften der Digitalisierung auf die Geschäftswelt.

Durch die Digitalisierung können verfügbare Informationen „enriched" (dt. „bereichert") werden. Beispielsweise können die Daten von Büchern beim Einscannen durch intelligente, semantische Suchmechanismen und automatisierte Indexierung z.B. durch Stichwörter (engl. „tags") miteinander vernetzt und in Relation zueinander gesetzt werden. Digitalisierte Dinge können besser skalieren, durch bessere Auswertung und Simulation. Auch diese Untersuchung wurde teilweise mit digitalisierten Büchern aus einer virtuellen Bibliothek verfasst. Wie oben definiert, umfasst die Digitalisierung nicht bloß die Digitization, also die Übertragung von analoger Information auf ein digitales Medium. So lassen sich durch die Digitalisierung auch die Lebens- und Arbeitswelten des Menschen auf einer digitalen Ebene darstellen. Für andere Autoren, wie z.B. Hamidian und Kraijo, führt der Ausbruch aus der lokalen Offline-Welt in eine omnipräsente, vernetzte, digitale Welt zu einer Always-On-Mentalität. Menschen mit dieser Mentalität verstünden sich als Individuen einer immer gegenwärtigen Sphäre der digitalen Community bzw. Gemeinschaft. Ganz besonders sogenannte „Digital Natives", also junge Menschen die mit dem Internet und der Digitalisierung aufgewachsen sind, verdeutlichen die Zäsur, welche durch die digitalen Lebenswelten entstünde. Dies mache sich durch politische Parteien wie die deutsche Partei der Piraten bemerkbar, welche als „Digitale" neben den „Konservativen", „Sozialen", „Grünen", „Liberalen" und „Rechten" stehen sollen (vgl. Hamidian und Kraijo 2013: 5). Als Resultat dieser Schnelllebigkeit sieht man aktuell aber auch, dass solche politischen Parteien wie die Piraten schnell wieder an Einfluss verlieren können. Ähnlich betrifft dies Unternehmen und deren Geschäftsmodelle, welche in diesem Abschnitt betrachtet werden sollen.

4.4.1 Volkswirtschaftliche Betrachtung

Um das Phänomen der Digitalisierung mit den Instrumenten der Volkswirt-
schaftslehre zu untersuchen, unterteilt Vogelsang das Thema in drei Komponenten, nämlich Netzwerke, IT-Services und digitale Güter. Diese Aufteilung kor-
respondiere mit dem Schichtenmodell der Informations- und Kommunikationstechnik und wird z.B. im Internet Protokoll verwendet. Dabei erklärt er, dass im
Jahre 2010 viel Literatur zur Regulation von Telekommunikationsnetzwerken
existiere, aber nur wenig ähnliche Forschung im Bereich IT-Services und digitale
Güter vorhanden wäre. Deshalb bediene er sich der Modelle von IT-
Administrationsrechten und dem Modell der „Two-Sided Markets". Aus theore-
tischer Sicht sieht er die Herausforderung der Integration von Netzwerken, IT-
Services und digitalen Gütern in den bestehenden makroökonomischen Frameworks. In Bezug auf IT-Services hilft die neue Theoriekomponente der IT-
Administrationsrechte, um eine Brücke zwischen sektorenspezifischen und makroökonomischen Variablen zu schlagen. Für digitale Güter kann dies durch die
Profitoptimierungsstrategie eines Anbieters von two-sided Plattformen erreicht
werden. Ferner nutzt er ökonomische Gleichgewichtsmodelle zur Untersuchung
der Wechselwirkungen zwischen unterschiedlichen Märkten mit einem sich
optimierenden Verhalten. Die Lücke im Netzwerkmodel sieht er durch die
Kommunikationsanforderungen von Vermittlern, die miteinander und mit Güter-
produzenten handeln, gelöst. Für Vogelsang führt die Digitalisierung zu einer
Vergrößerung des Volumens an Handelsgütern und einem Schwund an Unter-
nehmen, welche ausschließlich Güter für den Binnenmarkt produzieren (vgl.
Vogelsang 2010: 217). Hieraus leitet er ab, dass die Konditionen einer globalen
Verbindung von Netzwerken aus der Perspektive allgemeiner Wirtschaftspolitik
bedeutend werden. Als Beispiel führt er an, dass z.B. Firmen mit einem Sitz in
Ländern mit starker Arbeitskraft eine Outsourcing-Strategie vorziehen, während
Unternehmen mit Sitz in kapitalstarken Ländern eine In-House (Offshoring)
Lösung für ihre IT-Services bevorzugen. Auf Märkten für digitale Güter, vor
allem two-sided Markets, sei die Entry-Strategy für ausländische Wettbewerber
abhängig von der Größe eines Landes. Große Märkte würden zuerst einem aus-
ländischen Wettbewerb konfrontiert. Er kommt zu dem Ergebnis, dass es eine
Verbindung zwischen der makroökonomischen Aufstellung und der Digitalisierung gibt. Die makroökonomische Politik beeinflusse die Sektoren der Netzwerke, IT-Services und digitalen Güter, genauso wie branchenspezifische Wirtschaftspolitik makroökonomische Variablen beeinflusse. Es können digitale
Informationen weltweit fließend bei nahezu geringfügigen Kosten innerhalb von
Millisekunden geliefert werden, wie z.B. mit E-Mail oder Software. Außerdem
können „digital strings" mit geringfügigen Kosten reproduziert werden. Die
internationale Verfügbarkeit des Internets fördere internationalen Handel, was

dazu führe, dass sich die Produktionsprozesse angleichen. Aber auch gegensätzliche Effekte würden stattfinden. So würde der Handel mit IT-Services stark von dem Verhältnis des Kapitals und der Arbeitskräfte eines Landes abhängen, während bei digitalen Gütern, auch in two-sided Markets, Pionierunternehmen starke Vorteile genießen. Daher habe die Digitalisierung einen ambivalenten Charakter. Die internationale Verbreitung von Netzwerken fördere den Handel und die internationale Harmonisierung von Produktionsprozessen, aber der internationale Handel mit IT-Services und digitalen Gütern würde sich existenter Muster der Spezialisierung bedienen. Generell führe Digitalisierung zur Internationalisierung und umgekehrt. Eine ökonometrische Bestätigung seiner Auswertungen kann Vogelsang allerdings nicht vorweisen, da Daten nicht vorhanden oder Zeitreihen zu kurz seien. Die Gestaltung internationaler Wirtschaftspolitik für Netzwerke, IT-Services und digitale Güter beeinflusst ebenfalls die makroökonomische Leistungsfähigkeit eines Landes. Deshalb wäre verständlich, warum nationale und regionale Institutionen sowie internationale Gremien versuchen, die Wirtschaftspolitik im Bereich der Digitalisierung zu beeinflussen, z.B. durch Standardisierung. Es wird vermutet, dass speziell inländischer Firmen gefördert werden, um globale Führungspositionen zu besetzen (vgl. Vogelsang 2010: 218). Dies führe zu Zielkonflikten bezüglich offener Standards, Schnittstellen und Netzwerken auf der einen Seite und auf der anderen Seite zu den landes-, branchen- oder firmenspezifischen Interessen, Innovationen oder Eigenlösungen umzusetzen. Hier knüpfen auch regulatorische Fragen an, welche die strategischen Dimensionen internationaler Verbreitung von politischer und ökonomischer Kraft beeinflussen, wie z.B. mit der ICANN, einer US-amerikanischen Institution zur Verteilung von internationalen IP-Nummern, welche inländische Präferenzen pflegen könnte und deshalb internationale Kritik erfährt, da IP-Nummern ein zentrales Element des globalen Systems der Internetadressen darstellen. Fundamentale Legitimationen einer aktiven Wirtschaftspolitik stellen für Vogelsang daher ein wichtiges Thema dar, z.B. Datenschutz für junge Menschen, Medienpolitik, Wettbewerbspolitik zum Schutz vor dem Missbrauch von Marktmacht und Handelspolitik. Dabei soll die digitale Kluft, sowohl in Gesellschaften als auch zwischen Ländern, adressiert werden. Da die Kosten der Kommunikation ebenfalls einen Einfluss auf das internationale Handelsvolumen haben, seien die Regeln für Zugang und Vernetzung nicht nur für IT-Services und digitale Güter, sondern für alle Branchen einer Wirtschaft essenziell. Vogelsang sieht das Prinzip der Netzneutralität dabei im Fokus, welches dem Prinzip der Gleichbehandlung folge. Da Marktführerschaft wichtig für Anbieter von digitalen Gütern sei, wäre das Thema des geistigen Eigentums, bzw. Immaterialgüterrecht, durch z.B. „Digital Rights Management" Systeme und Softwarepatente aufzugreifen (vgl. Vogelsang 2010: 219). Da die Politik einen großen Einfluss auf die Offenheit eines Marktes oder gegenüber einer Technologie definiert, habe das Thema des internationalen Handels von digitalen Gütern großen Einfluss. Hierbei müsse z.b. entschieden werden, ob digitale Güter das Handelsabkommen GATS oder GATT befolgen sollen. Die Digitalisierung führe jedoch mit der Angleichung auch zu einer komplett neuen regulatorischen Herausforderung. Während TV, Telefone oder Internet-Services nicht länger auf spezielle Netzwerke begrenzt sind, können Netzwerke und Services durch die Digitalisierung dennoch geteilt werden. Als Beispiel nennt Vogelsang „Voice over IP" oder Video-Downloads. Die Angleichung verlangt internationale Kooperation, sodass die zuvor besprochenen Themen, wie z.b. Jugendschutz, auch in fremden Ländern greifen müssen. Für Vogelsang müssen daher drei Fragen an die Wirtschaftspolitik für die Digitalisierung gestellt werden. (1) Wie können die Positionen Offenheit und Eigenlösungen, bzw. Nutzung von Innovationen, mit ihren Trade-offs ausgeglichen werden? (2) Soll Regulation durch einen nationalen oder einen internationalen Ansatz erfolgen? (3) Wie soll das regulierende Regelwerk in Bezug auf Angleichung geändert werden? Diese Fragen versucht Vogelsang durch ein Schichtenmodell für die Regulierung zu beantworten. Zusammengefasst berücksichtigt es Netzwerke, IT-Services und digitale Güter. Dabei stehe Netzneutralität im Vordergrund, um Preisabgrenzungen bezüglich Qualität zu erlauben, aber zugleich Diskrimination bestimmter Inhalte von bestimmten Quellen durch den Internet-Service-Provider aufgrund finanzieller Gründe zu vermeiden. Dieser Ansatz solle international in einem zweistufigen System umgesetzt werden, so dass generelle Leitlinien supranational eingeführt werden und Spezifikationen und Umsetzungen national erfolgen können (vgl. Vogelsang 2010: 220).

4.4.2 Moderne Entwicklungen

Software wird auch als ein Synonym der Digitalisierung verwendet, da sie Alltag und Wirtschaft durchdringen soll. Dort, wo Software noch nicht eingesetzt wird, gäbe es große Potenziale. Zugleich erzeugen digitalisierte Industrien häufig neue Wettbewerber, neue Wettbewerbsregeln, veränderte Margen und umverteilte Wertschöpfung. Die reale, physische Welt werde immer stärker in der virtuellen Datenwelt gespiegelt, um neue Wertschöpfung für die Kunden oder das eigene Unternehmen zu realisieren. Dabei stünden Vermessungen, Verknüpfungen und Vorhersagungen zum Ziel, was mittlerweile mehrere Zettabyte Daten pro Jahr generiere. Dieses Datenvolumen solle im nächsten Jahrzehnt um 40 Prozent zunehmen, wobei 90 Prozent der weltweiten Daten erst in den letzten zwei Jahren generiert wurden. Die digitale Welt umfasse, (1) was wir denken, mit 2,9 Millionen E-Mails pro Sekunde und 660,000 neuen „Facebook" Einträgen pro Minute, (2) was wir fühlen, mit 35,000 individuellen Likes auf „Facebook" sowie unzähligen Emoticons pro Minute, (3) wo wir sind, mit GPS in Mobiltelefonen erzeugten Bewegungsabläufen und 2,100 Check-ins pro Minute allein auf „Foursquare", (4) was wir einkaufen, mit Händlern, „PayPal" und Kreditkartenherstellern, welche Transaktionen speichern und „Apple", wo 47,000 Apps pro Minute heruntergeladen werden, (5) was wir sehen, mit Uploads von 48 Stunden Videomaterial pro Minute auf dem Portal „YouTube" und 7,000 Bildern auf „Flickr" und Instagram, (6) was wir suchen, mit zwei Millionen Suchanfragen pro Minute auf „Google" und (7) wie unsere Wertschöpfung erfolgt, mit dem Internet of Things wo bis 2020 50 Milliarden Dinge, darunter Produkte, Maschinen und Prozesse, verbunden sein sollen. Diese Daten sollen jedoch in hohem Maße unstrukturiert sein, wobei nur 15 Prozent auf höhere Struktur hinweisen, wie z.B. in Form von Tabellen. Aus rechtlichen Gründen dürfen die meisten Datensätze nicht miteinander verbunden werden. Intelligenz sei bei der Datenauswertung bereits heute im Alltag integriert, wobei Big Data immer stärker durch Smart Data ersetzt werde. Hierbei ginge es darum, Daten mit Relevanz für Kundenwert oder Wirtschaftlichkeit zu erfassen und zu analysieren. Vornehmlich IT-basierte Unternehmen treiben die Digitalisierung von Branchen voran, darunter z.B. „Google", „Whatsapp" und „Uber". Auch das Smartphone ermögliche neue Geschäftsmodelle, mit einer Mobilfunkindustrie, welche zwischen 2009 und 2013 über 1,8 Billionen US-Dollar in neue Infrastruktur investierte. Korea Telecom soll beim Rennen um die Mobilfunktechnik der fünften Generation mit einer Geschwindigkeit von 1000 Mbit/s ganz vorne liegen, doppelt so hoch wie bei den europäischen Wettbewerbern. Sinkende Kosten gerade in Entwicklungsländern sollen zusätzlich die Innovation vorantreiben, z.B. durch das indische „Micromax-Handy" für weniger als 40 US-Dollar. Auch Mobile Banking wurde aufgrund fehlender IT-Infrastruktur vorangebracht. Zudem sollen Internet Communities immer stärker wachsen, welche bei der Vernetzung mit der realen Welt eine tragende Rolle spielen. Zusammen mit dem Internet of Things sollen die Schnittstellen zum Kunden fortgeschrittener und direkter geworden sein, so dass das Management der Kundenbeziehungen neue Dimensionen erhalte. Auch Wertschöpfungsketten würden zunehmend in Echtzeit vernetzt, mit Produkten, die zunehmend intelligenter vernetzt werden. Rund ein Drittel der Forbes 500 Unternehmen sollen diese digitale Transformation in zehn Jahren nicht überstehen. Während von den 1,000 größten Unternehmen aus dem Jahr 1962 heute nur noch 16 Prozent existieren sollen, solle sich dieser Trend verstärken. Diese Entwicklung der Konzentration und Konsolidierung im Rahmen der nächsten Digitalisierungswelle wird als „Ubernisierung der Volkswirtschaft" bezeichnet, angelehnt an die Taxirevolution durch das Unternehmen „Uber". Auch die Startup-Kultur, mit Potenzial für rasantes Wachstum, trage hierzu bei. Einige digitale Firmen wie „Google" ermuntern ihre Mitarbeiter zu unternehmerischen Initiativen und belohnen auch fehlgeschlagene Ideen (vgl. Gassmann und Sutter 2016: 3 f.).

4.4.3 Informations- und Wissensverarbeitung

Urbach und Ahlemann beobachten eine grenzenlose Generierung von Informationen durch das voranschreitende Internet of Things, welches die reale Welt digital erfassen lässt. Zudem attestieren sie eine grenzenlose Speicherung von Informationen durch z.B. fallende Speicherpreise im Cloud-Computing. Hieraus folgern sie, dass Informationen grenzenlos vernetzt und somit verfügbar werden können, z.B. mit dem Web, Social Media oder Wissensdatenbanken. Außerdem würde auch die Informationsverarbeitung, durch beliebig hohe Rechenleistung zu beliebiger Zeit und an beliebigen Orten, grenzenlos (vgl. Urbach und Ahlemann 2016: 37 f.). Zuletzt rechnen sie damit, dass digitale Maschinen ebenfalls grenzenlos agieren können, vor allem in Bezug auf Robotern und künstlicher Intelligenz, welche zunächst einfache aber dann immer komplexere Aufgaben autonom erledigen können. Als Konsequenz dieser grenzenlosen Informations- und Wissensverarbeitung ergebe sich massives Potenzial für Unternehmen, (1) die Realität (nahezu) vollständig informatorisch abzubilden, (2) auf dieser Basis beliebige Probleme unter Einsatz komplexer Heuristiken zu lösen, die auf diesen Informationen operieren, sowie (3) über Aktoren Einfluss auf die physische Umwelt zu nehmen. Es würde möglich sein, intelligente Computersysteme und Roboter zu entwickeln, die mehr wissen, bessere Entscheidungen treffen und zuverlässiger agieren als Menschen. Hinzu käme, dass zukünftige Systeme auch schneller und besser als Menschen lernen werden könnten (vgl. Urbach und Ahlemann 2016: 39). Was bisher unter dem Schlagwort Betriebsdatenerfassung seit Jahrzehnten bekannt war, könne in Echtzeit, ohne Intervention von Personen und mit einer bisher unbekannten Genauigkeit erfasst werden. Informationen über (potenzielle) Lieferanten und Dienstleister können wesentlich leichter eingesammelt werden. Durch intelligente Algorithmen können auf Basis von Verbrauchsinformationen Bedarfe vorhergesagt, geeignete Lieferanten identifiziert und folgend Bestellvorschläge erstellt werden. Unkritische Bedarfe erlauben auch automatisierte, autonome Bestellungen vom System, ohne einen Disponenten. Dies nennen Urbach und Ahlemann „Just-in-Time Predictive Procurement". Es helfe dabei, Lagerbestände automatisch zu minimieren (vgl. Urbach und Ahlemann 2016: 43 f.). Eine dezentrale Speicherung und Vernetzung über Organisationsgrenzen hinweg sei für beide Autoren und weitere Quellen ebenfalls eine neue Anforderung. Damit seien verschiedene Datenquellen über Organisationsgrenzen hinweg nur durch intelligente Systeme auswertbar (vgl. Urbach und Ahlemann 2016: 45). Der Vernetzungsgrad würde von Produktionsanlagen, Maschinen und Robotern massiv zunehmen. Alle an der Produktion beteiligten

Systeme, Objekte und Akteure wie Leitstände, Kunden- und Lieferantensysteme, die Produkte selbst oder auch Logistiksysteme würden in der Lage sein, Informationen zu senden und zu empfangen. Damit sei eine proaktive, vorausschauende Koordination von Produktionsabläufen technisch realisierbar. Gleichzeitig könnten am Produktionsprozess beteiligte Maschinen und Roboter lernen, wie beispielsweise Verschnitt und Ausschuss minimiert werden könnten oder auch wann Wartungen sinnvoll seien, z.b. mit Robotern, die ein bestimmtes Maß an Introspektion beherrschen und so den Produktionsprozess autonom steuern können. Der nahtlose Informationsfluss sowie die Flexibilität der Maschinen würde es auch erlauben Werkstücke individuell zu bearbeiten, d.h. auf Basis einer Losgröße von Eins. Hierzu würden sich Maschinen und Roboter, sofern nötig, selbstständig programmieren bzw. konfigurieren und beispielsweise notwendige Werkzeuge autonom einspannen. So könnten sich die Maschinen ohne menschliche Intervention an veränderte Bedarfe anpassen. Würden diese Möglichkeiten mit den Fortschritten im Marketing durch SMAC-Technologien verknüpft, würde eine den Konsumentenbedürfnissen entsprechende, möglicherweise sogar vorausschauende, Produktion von individuellen Produkten möglich werden. So würden Lagerbestände weiter reduziert, Produktions- und Lieferzeiten verkürzt und eine höhere Kundenorientierung realisiert. Letztlich gewinne die Produktion an „Elastizität" (vgl. Urbach und Ahlemann 2016: 47 f.).

4.4.4 Geschäftsmodelle in der Digitalisierung

Für Buchholz und Wangler wird die Digitalisierung als digitaler Wandel wahrgenommen. Dieser stelle die Herausforderung, sich mit neuen digitalen Technologien auseinanderzusetzen, welche wiederum als Basis für neue, wettbewerbsfähige Geschäftsmodelle und Geschäftsmodellinnovationen dienen sollen. Geschäftsmodellinnovationen hätten zum Ziel, Geschäftsmodellelemente so zu kombinieren, dass auf eine neue Weise Nutzen für Kunden oder Partner gestiftet werden könne und zugleich eine Differenzierung gegenüber Wettbewerbern stattfinde. Der Kunde rücke also ins Zentrum, da dieser durch sein Kauf- und Nutzverhalten entscheide, was weiterhin im Wettbewerb bestehen dürfe (vgl. Buchholz und Wangler 2017: 177). Dabei beziehen sie sich ebenfalls auf Cloud-Computing, Big Data Analysen sowie künstliche Intelligenz als wesentliche Komponenten zukünftiger Geschäftsmodellinnovationen. Dienstleistungen, wie z.B. SaaS, rückten dabei in den Vordergrund (vgl. Buchholz und Wangler 2017: 177-179). Hier wird auch das Geschäftsmodell des two-sided Market, also Plattformen, aufgenommen. Solche Plattformen vereinen z.B. in Form von Suchmaschinen sowohl die Nachfrager der Suchdienstleistung als auch die Werbetreibenden, die die Plattform zu Werbezwecken nutzen wollen oder die aus der Suchanfrage generierten Daten für Marktanalysen anfordern. Dies ließe sich auch auf die Automobilindustrie übertragen, wo sie z.B. als Car-Sharing-Dienstleistungen durch digitale Technologien für die Fahrtenbucherfassung in Echtzeit sowie der automatisierten Abrechnung, der einfachen Buchung über das Smartphone mittels Apps und der automatisierten Zugangskontrolle der Fahrzeuge auftreten (vgl. Buchholz und Wangler 2017: 179). Durch digitale Technologien würden Kundenwünsche transparenter und ließen sich mit Marktentwicklungen präziser prognostizieren. Das Management von Produktionsprozessen werde leichter und ließe sich durch den Einsatz künstlicher Intelligenz zunehmend automatisieren. Durch die fortschreitende Vernetzung der Wertschöpfungskette ließen sich Lieferketten besser synchronisieren, Produktionszeiten kürzen und Innovationszyklen beschleunigen, was zur Veränderung der Wertschöpfungsketten führe. Im globalen Wettbewerb spielen daher eine verzahnte Kommunikation, schnellere Zusammenarbeit innerhalb und zwischen den Betrieben, kurze Produktzyklen, kleine Losgrößen und eine möglichst individualisierte Produktion eine immer stärkere Bedeutung. Dabei können durch die digitale Transformation sowohl horizontale als auch vertikale Geschäftsprozesse in der Wertschöpfungskette ausgelagert oder zu neuen Geschäftsprozessen umgewandelt werden. Gewonnene Daten können genutzt werden, um Geschäftsprozesse zu optimieren und zu erweitern sowie um neuartige Produkte und Services zu entwickeln und anzubieten. Dabei müssten sich Unternehmen durch unterschiedliche Kunden-/Anbieter-Konstellationen den wachsenden Service-Anforderungen stellen. Zudem würden Themen wie Produktlebenszyklusverfolgung, Open-Innovation, individualisierte/kundenspezifische Produkte und digitale Serviceleistungen weiter an Bedeutung gewinnen. Dies könne beispielsweise inkrementell durch die Kommunikation nach außen erfolgen, indem der Kunde künftig kostengünstig individualisierte Produkte und Dienstleistungen angeboten bekommt und über die digitalen Kommunikationswege die Produktgestaltung selbst beeinflussen kann. Die vorbeugende Instandhaltung (Predictive Maintenance) wäre ein weiterer Werttreiber in der Industrie, wo mittels intelligentem Datenaustausch und Datenanalyse neue Geschäftsmodelle entstehen. Durch die Auswertung von Sensordaten in Echtzeit würden genaue Vorhersagen zum optimalen Wartungszeitpunkt und damit die Vermeidung von Fehlersituationen ermöglicht (vgl. Buchholz und Wangler 2017: 180). Die Fähigkeit zur Auswertung und wirtschaftlichen Nutzung großer Datenmengen sei als eine Schlüsselkompetenz zu verstehen, um von den laufenden Veränderungsprozessen zu profitieren (vgl. Buchholz und Wangler 2017: 181). Unter anderem werden Smart-Contract-Geschäftsmodelle erwähnt, also intelligente, digitale, automatisierte Verträge mit Partnern. Dies wird von anderen Autoren ebenfalls aufgegriffen und im Kapitel „Clusterinitiativen und Partnernetzwerke" in dieser Arbeit weiter ausgeführt. Falls Unternehmen den veränderten Kompetenzanforderungen des digitalen

Wandels mit Hilfe von Aus- und Weiterbildung der Mitarbeiter nicht entgegentreten, könnten sie ihre Marktrelevanz trotz technologischem Vorsprung verlieren. Gefragt sei eine erhöhte Sensibilität für Veränderungsprozesse auf allen Ebenen und ein zunehmendes Denken in digitalen Geschäftsmodellen auf der Managementebene (vgl. Buchholz und Wangler 2017: 182). Geschäftsmodell-Innovationen ließen sich, in Anlehnung an Schallmo, durch sechs Möglichkeiten erreichen. (1) Leistungsinnovationen, also Innovationen des Wertangebotes bzw. des Produktes oder der Dienstleistung, (2) Marketinginnovationen, also innovative Kanäle und Kundenbeziehungen, (3) Prozessinnovationen, also eine effiziente Herstellung von Produkten und Dienstleistungen, (4) Ertragsmodellinnovationen, also neue Einnahmequellen, (5) Marktinnovationen, also die Identifikation neuer Entwicklungen in bestehenden Märkten sowie (6) Netzwerkinnovationen, also der Ausbau von Kooperationen, Partnern und Netzwerken (vgl. Buchholz und Wangler 2017: 178).

Das Kundenerlebnis wird bei allen Digitalisierungsprojekten als zentralen Bestandteil gesehen. Schlagende Wettbewerbsfaktoren seien die User Experience und das nutzerzentrierte Design im Kern des Design-Thinking-Ansatzes. Der Endbenutzer müsse bei allen Aufgaben, Zielen und Eigenschaften ins Zentrum des Entwicklungsprozesses gestellt werden, was weit über die Oberflächenkosmetik (engl. „Front-End") hinausginge. Unternehmen müssten intern und extern mit Kunden und Partnern zusammenarbeiten. Der Endkunde sei die eigentliche Ursache für die Wertgenerierung durch die Digitalisierung. Wenn die digitale Transformation lediglich durch die IT-Abteilung angetrieben würde, könne der Endkunde oft aus dem Fokus geraten (vgl. Gassmann und Sutter 2016: 5). Es seien selten die neuen Technologien, sondern die effektiveren und effizienteren Geschäftsmodelle, welche Wettbewerber aus dem Markt verdrängen. Vor allem ließen sich two-sided Markets ideal durch digitale Plattformen realisieren und auf nahezu jeden Anwendungsfall übertragen. Dies ginge vom Verkauf von Produkten und Dienstleistungen über die Vermittlung von Kompetenzen oder den Abgleich von Stromnutzung und -verbrauch im privaten Umfeld. Mehr Transparenz, geringere Transaktionskosten und somit mehr Wettbewerb wären für jedes Geschäft möglich. Durch die Digitalisierung erreiche die Globalisierung eine neue Ebene, nämlich die Globalisierung der Dienstleistungsindustrie (vgl. Gassmann und Sutter 2016: 7 f.). Die moderne Entwicklung sei das „Zeitalter des Geschäftsmodellwettbewerbs", wo der Erfolg eines Unternehmens von dessen Fähigkeit abhängig sei, das Geschäftsmodell zu digitalisieren oder gar digital zu innovieren. Etablierte Beziehungen und routinierte Prozessketten seien dabei eine Gefahr, wenn sie nicht angemessen auf den Markt reagieren können. Geschäftsmodelle seien eine Unternehmensstrategie, um Wert zu generieren und dabei Geld zu verdienen. Nach Gassmann, Frankenberger und Csik ist ein Geschäftsmodell die integrale Antwort auf vier Fragen: (1) „Wer ist der Zielkunde?", mit dem Kunden als Zentrum des Geschäftsmodells (2) „Was bieten wir den Kunden an?", mit Nutzenversprechen und Mehrwert für den Kunden (3) „Wie erbringen wir die Leistung und wie stellen wir diese her?", mit der Wertschöpfungskette als Rückgrat eines Geschäftsmodells, das die Prozesse und Aktivitäten abbildet, welche auf Basis involvierter Ressourcen, Fähigkeiten und Partner erforderlich sind um das Nutzenversprechen zu erbringen und (4) „Wie wird Wert erzielt?", mit Fokus auf eine Ertragsmechanik für das Unternehmen. Eine Veränderung von zwei dieser vier Dimensionen kann als Geschäftsmodellinnovation definiert werden. Um die Chancen des digitalen Wandels zu nutzen, müssten alle Stakeholder ein Verständnis darüber entwickeln, was die Begriffe „Digitalisierung" und „Geschäftsmodell" in ihrem Kontext bedeuten (vgl. Sauer et al. 2016: 16 f.). Das Geschäftsmodell sei ein kritisches Thema in der Digitalisierung. Es ginge bei der digitalen Geschäftsmodellinnovation darum, alle Geschäftsmodelldimensionen entlang der gesamten Wertschöpfungskette zu innovieren. Je nach Digitalisierungsgrad bzw. Reifegrad müsse das Unternehmen als E-Business anfangen und sich später den treibenden SMAC-, also Social Media, Mobile-Computing, Big Data Analytics sowie Cloud-Computing und IoT-Technologien annehmen. Dies sei Voraussetzung um den digitalen Wettbewerb zu gewinnen. Sämtliche Geschäftsmodelldimensionen müssten miteinander verzahnt agieren und in unternehmerische Betrachtungen miteinbezogen werden. Dabei müssten Vertriebs- und Marketingkanäle sowie Produktionsprozesse angepasst werden. Die oben definierten vier Reifegrade der Digitalisierung müssten gemessen werden. Das Ziel sei eine hohe Dienstleistungsorientierung (vgl. Sauer et al. 2016: 26 f.). Digitale Geschäftsmodelle erlauben zudem eine höhere Kundenorientierung sowie deutlich schnellere und kostengünstigere Messbarkeit als viele analogen Geschäftsmodelle. Es ließen sich Daten während der gesamten Interaktion mit dem Kunden erheben, was Aufschluss über die Nachfrage, Qualität und Effektivität des Produkts zulasse. Innovationen könnten somit ohne große Investitionen getestet und optimiert werden. Insgesamt erlaube der Einsatz von Technologien über alle Wertschöpfungsketten einen nachhaltigen Wandel und übergreifende Integration der Geschäftsprozesse sowohl extern, z.B. bei der Kundeninteraktion, als auch intern, z.B. bei der Mitarbeiterkommunikation (vgl. Sauer et al. 2016: 22 f.). Auch Hamidian und Kraijo sehen viele Chancen für Unternehmen, ein Service- und Teile-Wertschöpfungsnetzwerk durch SMAC-Technologien zur optimalen Kunden- und Teilesteuerung in sämtlichen Lebensbereichen anzubieten. Sie nennen z.B. IT-Services für zu Hause, das Auto oder die allgemeine Infrastruktur (vgl. Hamidian und Kraijo 2013: 9 f.). Die Digitalisierung sei nicht nur die maschinelle Verarbeitung und Speicherung von Daten und die daraus resultierenden unbegrenzten Möglichkeiten, sondern sie ginge immer einher mit Veränderungen und vor allem Verantwortung. Die Verantwortung, sei dabei von allen Anwendern und Konsumenten der digitalen Welt gleichermaßen zu tragen (vgl. Kalinowski und Verwaayen 2013: 495).

Urbach und Ahlemann zählen einige Geschäftsmodellinnovationen auf, wie z.B. (1) die Shareconomy, wo Ressourcen, die nicht dauerhaft benötigt werden, mit anderen Kunden geteilt werden, wie z.b. durch Carsharing, Mobilitätsdienstleistungen oder geteiltem Wohnraum, (2) die Penetration etablierter Märkte durch neue technologische Möglichkeiten und innovativen Angeboten, (3) der Industrie 4.0 und Smart Factory (vgl. Urbach und Ahlemann 2016: 11 f.) sowie (4) neue Kanäle der Kundenintegration für Marketing, Vertrieb und Kundenservice durch Social Media. Letzteres könne besonders der durchgängigen Verfügbarkeit bzw. Always-On-Erwartung durch das Cloud-Computing entgegenkommen, wo kürzere Reaktionszeiten von Unternehmen positiv aufgefasst werden. Zudem ließen sich hierdurch bessere Big Data Analysen vornehmen (vgl. Urbach und Ahlemann 2016: 13 f.). Für das Service-Management sei das sogenannte Customer-Experience-Management wichtiger geworden. Hier sei das Ziel positive Kundenerfahrungen zu schaffen und somit zufriedene Kunden zu loyalen Kunden zu wandeln, welche als Botschafter für ein Produkt oder eine Marke dienen sollen (Influencer Marketing). Durch die größere Nähe zum Kunden können sich Händler außerdem fragen, ob sie ihre Geschäftsmodelle nicht einfach in einen Direktvertrieb an den Endkunden umwandeln möchten. Der Einsatz von Social Media ermögliche zudem neue Kommunikationswege, was Organisationsstrukturen mit einer Verflachung im Kern bewirke. Hierdurch werde die Kommunikation im Allgemeinen weniger gut steuerbar und die vertikale Kommunikation, also über Vorgesetzte und Berichtswege, verliere an Bedeutung. Das Management solle sich daher mehr auf Managemententscheidungen durch Technologien wie Big Data, Cloud-Computing und Internet of Things konzentrieren. Sämtliche Basisinformationen seien nahezu vollständig und stets aktuell, wodurch eine wesentlich größere Zahl an Handlungsalternativen entwickelt werden könne. Diese können durch Hypothesentests auf Basis großer empirischer Datenbestände bewertet werden, was die Entscheidungsgeschwindigkeit und -qualität deutlich verbessere (vgl. Urbach und Ahlemann 2016: 15).

Andere Autoren gehen davon aus, dass sich digitale Plattformen als führende Geschäftsmodelle durchsetzen werden (vgl. Moser et al. 2016: 71-74). Der Plattformbegriff bedeutet in den Ingenieurswissenschaften die Erstellung von Produktfamiliendesigns, was die effizientere Entwicklung und Produktion von Produktvarianten ermöglicht. Es werden also Produktlinien auf Plattformen aufgebaut, indem die Plattform aus konstanten Kernkomponenten besteht und durch verschiedene modulare Teile erweitert wird, so dass das endgültige Aussehen und der Funktionsumfang beliebig verändert werden kann. Dieses Vorgehen erlaubt auf Basis einer bewährten Plattform viele Produktvarianten bzw. das finale Produkt günstig und schnell zu entwickeln. So schaffte es Sony z.B. im Jahre 1979 mit dem Walkman in sehr kurzen Zyklen neue Produkte im Markt einzuführen und innerhalb kürzester Zeit, trotz hoher Konkurrenz anderer portabler Musikspieler, die Marktführerschaft zu übernehmen. Der modulare Aufbau einer Plattform erlaubt es auf Produktanforderungen in verschiedenen Märkten flexibel zu reagieren. In der Ökonomie bedeutet Plattform, dass zwei zuvor unabhängige Gruppen von Akteuren miteinander verbunden werden und zwischen diesen ein effizienter Austausch ermöglicht wird, wie z.b. zwischen Kunden und Verkäufern mit Zahlungsplattformen wie der Kreditkarte. Alternativ kann der Begriff two-sided-Market-Plattform genutzt werden. Bei ökonomischen Plattformen stehen auftretende Netzwerkeffekte und preisbildende Maßnahmen im Vordergrund. Eine erfolgreiche Plattform bietet Anreize für die gewünschten Akteure und kann möglichst viele Nutzer akquirieren. Plattformen haben also einen modularen Aufbau und besitzen einen Plattformkern, welcher einen Grundnutzen für den Kunden bietet. Innovationen in Form von komplementären Modulen stammen aber nicht notwendigerweise von den Plattformbetreibern oder deren direkten Lieferanten, sondern von externen, unabhängigen Entwicklern. Diese Kollaboration verschiedener Fähigkeiten soll kreative Wege erlauben, um Anwenderbedürfnisse zu befriedigen, z.B. durch Konkurrenzsituationen, wenn zwei oder mehrere gleiche oder ähnliche Applikationen auf der Plattform um Anwender werben. Für den erfolgreichen Aufbau von Ökosystemen rund um Plattformen sollen Netzwerkeffekte helfen. Netzwerkeffekte sind positive Feedback-Loops, d.h. wenn durch viele Akteure im System sich noch mehr Nutzer hingezogen fühlen ebenfalls beizutreten. Dies stärke wiederum das „Innovationsökosystem" der Plattform (vgl. Moser et al. 2016: 74 f.). Der Bau einer Plattform setzt ein geeignetes Geschäftsmodell voraus, da eine Ressourcenausstattung, durch Wissen, Fähigkeiten und technische Möglichkeiten im Unternehmen, aber auch ein aktives Management, um externe Innovatoren zu motivieren, den Wachstum anzutreiben sowie Anforderungen zu sammeln und umzusetzen, bestimmt werden müssen. Dabei muss für den Plattformkern festgelegt werden, welche Anforderungen intern umgesetzt werden sollen (vgl. Moser et al. 2016: 76). Es wird z.B. bei der Gestaltung von Plattformen empfohlen, dass sich Betreiber auf Kernbereiche konzentrieren, bei denen eine starke eigene Ressourcenausstattung vorhanden ist. Der Rest solle an Partner oder unabhängige Innovatoren ausgelagert werden (vgl. Moser et al. 2016: 76 f.). Als Voraussetzung für die Gestaltung digitaler Plattformen wird vorgeschlagen, die zentralen Kundenbedürfnisse im Kern der Plattform abzudecken. Zudem solle sich die Plattform am Markt und nicht der Technologie orientieren. Auch verfügbare Ressourcen seien zu prüfen, um den Plattformkern zu gestalten, auf welchem wiederum externe Innovatoren mit spezifischen Anwendungswissen eigene Lösungen entwickeln können. Dabei solle geklärt werden, wie eine Plattform von externen Komplementoren überhaupt profitieren kann und wie das Geschäftsmodell eine solide Finanzierung der Plattform sicherstelle, während genug Anreize gegeben seien um Innovatoren mit ihren Ideen für die Plattform anzulocken. Auch die Anzahl der Plattformnutzer sowie die Gestaltung von technischen Schnittstellen der Plattform müssten geklärt werden, sowie das Testen neuer Applikationen bezüglich Sicherheit und Qualität. Zuletzt sollte geklärt sein, wie nachhaltige Loyalität beim Anwender generiert wird (vgl. Moser et al. 2016: 83). Bei Plattformen sehen Moser, Wecht und Gassmann das Geschäftsmodell als essenziellen Treiber. Deshalb wird auch hier das two-sided-Market-Geschäftsmodell angesprochen, wo zwei unabhängige Nutzergruppen mit oft nicht gleichgerichteten Interessen kollaborieren sollen. Laut den Autoren lösen erfolgreiche Plattformen die indirekten Netzwerkeffekte zwischen diesen Nutzern auf, da je mehr Nutzer von einer Gruppe auf der Plattform seien, desto attraktiver werde sie für die andere Anwendergruppe. Es bestünde jedoch stets ein „Henne-Ei-Problem", da ohne die eine Benutzergruppe im „Plattformökosystem" auch kein Anreiz für die zweite Gruppe bestünde, dem „Ökosystem" bcizutreten und die Plattform zu nutzen. Ziele von solchen Geschäftsmodellen seien oft eine breite Nutzerbasis sowie Anreize für Innovatoren von Komponenten und Anwendungen, welche an den Daten und am Zugang zu der Nutzerbasis interessiert sind. Lösungsansätze seien Zahlungen von Innovatoren und externe Entwickler für den Datenzugang sowie attraktive, kostenfreie Dienstleistungen für dic Nutzer, wie z.B. bei „Facebook", „Google", „Twitter" oder „eBay". Dies könne auch in Kombination mit mobilen Endgeräten variiert werden, wie z.B. bei „Apple", welche ihr Service-Portfolio ausschließlich für Endgeräte anbieten. An dieser Stelle schließen auch die oft genannten Lock-In-Effekte an, welche verhindern, dass Kunden und Anwender einfach und unkompliziert zu anderen Plattformen wechseln können, z.B. durch künstliche Medienbrüche. Plattformbetreiber sollten sich der Implikationen der vier Gestaltungssphären „Nutzenversprechen" (Was?), „Zielkunden" (Wer?), „Wertschöpfungskette" (Wie?) und „Ertragsmechanik" (Wert?) bewusst sein. Da die Sphären Nutzenversprechen und Zielkundenadressierung wesentlich auf die externen Komplementoren angewiesen seien, müsse die Ertragsmechanik so ausgestaltet werden, dass die Entwicklung von Anwendungen und Komponenten durch Komplementoren für die Plattform finanziell attraktiv sei (vgl. Moser et al. 2016: 77 f.). Die Aufgabe des Managements sei es, die Wertschöpfung durch eine Plattform, eine konsistente Plattformarchitektur und die Gestaltungssphären des Plattformmanagements zu definieren. So könne die Digitalisierung des eigenen Geschäfts vorangetrieben werden, während sich zugleich auf die Erfahrungen und die Fähigkeiten des traditionellen Kerngeschäftes berufen werden könne. Zudem bestünden dadurch Entwicklungschancen für neue Geschäftsmodelle und neue Kunden (vgl. Moser et al. 2016: 82).

4.4.5 Risiken durch die Digitalisierung

Das größte Risiko der Digitalisierung für die Geschäftswelt sei ihr disruptiver Charakter, welcher euphemistisch als „Erneuerungswelle" oder, in Anlehnung an Joseph Schumpeter, als „kreative Zerstörung" bezeichnet wird. Hierbei verbreiten sich neue Technologien und machen dadurch ganze Industriezweige obsolet. Als Beispiel führen Gassmann und Sutter z.B. die Musikindustrie an. Im Jahre 1988 generierten 1000 Vinyl-Singles den gleichen Umsatz wie 13 Millionen Streams im Jahre 2012. Dies zwinge Musiker mehr Live-Auftritte vorzuführen, um genügend Einnahmen zu generieren. Jedes erfolgreiche Geschäftsmodell erzeuge Potenziale für Gegenmodelle, wobei die Rate von Ablösungen etablierter Geschäftsmodelle durch Gegenmodelle zunehme (vgl. Gassmann und Sutter 2016: 6 f.). Dieser Bedrohung der kontinuierlichen Disruption existierender Geschäftsmodelle könne nur durch die Entwicklung digitaler Technologien als Basis für neue Geschäftsmodelle entgegengetreten werden, so dass Geschäftsmodell-Innovationen zum Erhalt und Erlangen der Wettbewerbsfähigkeit möglich werden (vgl. Buchholz und Wangler 2017: 183). Aber auch die Geschäftsmodellimitation sei durch transparente Geschäftsmodelle sowie neue Konkurrenten eine hier zu nennende Gefahr, die durch einen klaren Aufbau von Reputation und Markenbotschaft entgegnet werden soll (vgl. Urbach und Ahlemann 2016: 17). Die IT-Sicherheit gerät für viele Autoren in den Fokus. Bedrohungen wie Cyberattacken würden häufiger werden bei gleichzeitig steigendem Schadenspotenzial, da betroffene Systeme und Daten höhere Bedeutung im Wertschöpfungsprozess besitzen. Dies reiche von physischen Geräten wie USB-Sticks über E-Mails bis hin zu direkten Hackerangriffen auf den Datenschutz. Es betreffe längst nicht mehr bloß den privaten Bereich, sondern zunehmend auch den öffentlichen. Das aktive Management von Zugriffsrechten für Daten gewinne daher an Bedeutung, sowie die Rolle des „Information Security Officers" sowohl in Großkonzernen als auch in mittelständischen Unternehmen mit hoher Wissensintensität. Dabei sei die Aufgabe solcher Datensicherheitsverantwortlichen die Entwicklung einer sicheren Datenumgebung, die den zunehmend offenen Geschäftsprozessen gerecht werde aber zugleich nach außen sicher sei. Typische Probleme in Unternehmen seien das Management von Zutrittsrechten, Netzschwachstellen, physische Schwachstellen im Zugang zu IT-Centern und Schwachstellen in der User-Awareness. Je höher der Grad der Digitalisierung von Fertigung und Logistik über Unternehmensgrenzen hinweg und je vernetzter sowie offener die Wertschöpfungskette sei, umso anfälliger sei diese für externe Attacken. Mehrere Bereiche sollten daher beachtet werden: (1) Erstens der Datenverlust, z.B. durch Malware, (2) zweitens Datendiebstahl, z.B. Kundendaten von Banken oder Prozessdaten einer Maschine, (3) drittens Fehlverhalten von vernetzten Anlagen oder Produkten und (4) viertens Remote-Steuerung von Anlagen oder Produkten. Als Beispiel ziehen Gassmann und Sutter einen Hackerangriff beim autonomen Fahren heran, was einen potenziell unermesslich hohen Schaden verdeutlicht. Daher seien diese Risiken in ihren unterschiedlichen Dimensionen mit einer Risikomatrix von Ergebniswahrscheinlichkeit und -ausmaß, sowie einem qualitativen Risikodialog, zu erfassen und zu bewerten. Das Thema IT-Sicherheit gewinnt also bei der Digitalisierungsdebatte stark an Bedeutung (vgl. Gassmann und Sutter 2016: 8 f.). Neben der Cyberkriminalität (engl. „Cyber-Crime") sei das IT-Sicherheitsmanagement auch für Wirtschaftsspionage, Datenschutz und Datensicherheit zuständig (vgl. Urbach und Ahlemann 2016: 17). Während Virenschutzprogramme größtenteils Schutz vor Schadprogrammen bieten, sei in den letzten Jahren ein erheblicher Zuwachs von internetbasierten Betrügereien und Wirtschaftskriminalität bemerkbar geworden, vor dem es sich ebenfalls zu schützen gilt. So soll es Kriminelle geben, die versuchen über Mitarbeiter des Unternehmens Zugang zu Systemen erlangen, z.B. durch den Versand hochgradig personalisierter und damit glaubwürdiger Phishingmails oder durch den Versuch, persönliche Beziehungen zu Mitarbeitern aufzubauen. Auch Angriffe von innen, durch frustrierte oder kriminelle Mitarbeiter, können durch gelöschte Daten sowie zerstörte Systeme bzw. Geschäftsvorgänge dem Unternehmen Schaden zufügen, weshalb ein ausgereiftes Zugriffsmanagement sowie eine zuverlässige Sicherung der IT-Ressourcen notwendig seien. Viele sicherheitsrelevante Vorfälle in Unternehmen seien dabei nicht das Ergebnis mangelhafter technischer Schutzvorkehrungen, sondern das Ergebnis menschlichen Fehlverhaltens, z.B. durch indiskrete Passwörter oder unbefugten Zutritt zum Rechnerzentrum. Eine rein technische Sicherung des Unternehmens wird daher laut Urbach und Ahlemann nicht ausreichen, um sich vor Gefahren zu schützen (vgl. Urbach und Ahlemann 2016: 118-120), zumal sichere und stabile IT zur geschäftskritischen Ressource werde (vgl. Urbach und Ahlemann 2016: 120 f.). Aufgrund des zunehmenden öffentlichen Interesses für die Digitalisierung durch immense Datenmengen, Fragen nach Datenschutz und Privatsphäre sowie potenziell hohen Schadenswirkungen, greift die Politik mit Regulierungen ein. Dies bringt sowohl Vor- als auch Nachteile mit sich. Bezüglich künstlicher Intelligenz, z.B. durch autonomes Fahren, würde beispielsweise menschliches Versagen akzeptiert, aber zugleich würde die Anforderungen an computerisierte Entscheidungen verschärft werden, auch wenn die absolute Zahl der Unfälle und Verkehrstoten wahrscheinlich stark sinken könnte. Die Fragen der Regulierung betreffen auch Partnernetzwerke, welche sich in der Digitalisierung aufbauen könnten. So könnten Themen wie Mindestlohn oder Arbeitsbedingungen durch strategische Partnerschaften mit z.B. Indien oder Auslagerungen von Mitarbeitern, z.B. durch Freelancer oder Crowdsourcing, ausgehebelt werden. Auch mit Hinweis auf Urheberrechte und geistiges Eigentum in Social Media und Sharing-Plattformen wird festgestellt, dass die Regulierung der technologischen Entwicklung hinterherhinkt. Zugleich verstärke sich der Druck von etablierten Unternehmen und Gewerkschaften, die sich durch die Digitalisierung bedroht sehen (Gassmann und Sutter 2016: 9 f.). Für Urbach und Ahlemann spielt noch das Risiko des Ausfalls der eingesetzten Technologien eine Rolle, welches durch das Business-Continuity-Management entgegnet werden könne, sowie das Gewinnen und Halten von geeigneten Mitarbeitern (vgl. Urbach und Ahlemann 2016: 16 f.). Auch Buchholz und Wangler gehen auf die Bedeutung von Fachkräften für Partnernetzwerke bzw. das Clustermanagement ein (vgl. Buchholz und Wangler 2017: 187). Vor allem bei hoher Kritikalität seien ein effektives IT-Sicherheits- und Business-Continuity-Management die zentralen Kompetenzen für die nachhaltige Geschäftstätigkeit, welche als Querschnittsfunktionen eines Unternehmens organisiert werden sollten. Sicherheitskompetenzen werden zu einer wichtigen Aufgabe des „Digital Business" (vgl. Urbach und Ahlemann 2016: 115 f.). IT-Sicherheits- und Business-Continuity-Management sollen einerseits proaktiv mit potenziellen IT-Sicherheitsrisiken umgehen, indem sie die Wahrscheinlichkeit ihres Auftretens so klein wie möglich halten, andererseits die Fortführung der Geschäftstätigkeit im Schadensfall sicherstellen. Der Fokus auf Datenschutz und -sicherheit sowie Ausfall- und Abhängigkeitsanalysen werde nicht mehr ausreichen. Durch vernetzte und autonom agierende Systeme würde das Gefährdungspotenzial für Mensch, Organisation und die Gesellschaft in überproportionalem Maße gesteigert werden. Dabei erhöhe die Vernetzung zugleich das Zugangspotenzial für und das Schadenspotenzial durch Angriffe, weshalb die Vorteile der Anbindung an das Internet, mit zeit- und ortsungebundenem Zugriff, mit der Einschränkung des Zugriffs kombiniert werden müssten. Gleichzeitig würden die Fehlerpotenziale durch die immer stärker vernetzten und dadurch sehr komplex werdenden Systeme zunehmend schwieriger zu identifizieren und zu durchdringen (vgl. Urbach und Ahlemann 2016: 121 f.), weshalb die IT-Sicherheit auch als Aufgabe des Gesamtunternehmens verstanden werden sollte. Laut Urbach und Ahlemann sei die Entwicklung eines umfassenden IT-Sicherheitsmanagements für Unternehmen die Grundlage für eine digitale Transformation, was sie vor allem durch das seit Mitte 2015 in Kraft getretene „Gesetz zur Erhöhung der Sicherheit informationstechnischer Systeme", bzw. dem „IT-Sicherheitsgesetz, bestätigt sehen. Das Gesetz erwartet unter anderem, dass ein Mindestniveau an IT-Sicherheit eingehalten und IT-Sicherheitsvorfälle dem Bundesamt für Sicherheit in der Informationstechnik (BSI) gemeldet werden müssen. Ein grundlegendes IT-Sicherheitsmanagement könne durch Standards wie der ISO 27001 oder den Empfehlungen des BSI leicht eingerichtet werden. Für ein umfassendes und funktionierendes IT-Sicherheitsmanagement sei eine ausreichende Transparenz über die Architektur der Infrastruktur- und Applikationslandschaft, also ein Architekturmanagement mit dokumentierter IT-Landschaft, zwingend notwendig. Architekturkomponenten seien dann bezüglich des Schutzbedarfes zu klassifizieren und mit entsprechenden Sicherheitskonzepten zu versehen. Da keine vollständige Sicherheit garantiert werden kann, können durch das Business-Continuity-Management im Krisenfall kritische Prozesse mit einem Notfallmanagement versehen werden. Als Leitfaden bietet das BSI den Standard 100-4 an (vgl. Urbach und Ahlemann 2016: 123 f.).

4.4.6 Veränderungen der IT-Infrastruktur

Die Digitalisierung verändert die gesamte IT-Infrastruktur. Urbach und Ahlemann sprechen hierbei auch vom einfachen Bezug hochstandardisierter Infrastrukturdienste auf freien Märkten. Dadurch würde sich das klassische Anbieterspektrum, also Hard- und Softwarelieferanten sowie Beratungshäuser inklusive Entwicklung und Systemintegration, aufgefächert und die Bedeutung der Anbieterklassen für IT-Organisationen verschieben. Eine Beschäftigung mit Anbietern für Hardware bei Server-Infrastrukturen würde durch Cloud-Dienste obsolet werden. Dies betreffe auch Endgeräte für Anwender wie LANs oder Drucker, welche zunehmend über Dienstleistungen bezogen werden können. Ähnlich verhalte es sich mit Standardsoftware-Anbietern für „On-Premise-Software", also lokal-installierter Software. Mittelfristig ließe sich dies über Outsourcing-Anbieter überbrücken, langfristig würde es jedoch in cloudbasierten Software- und Infrastrukturdiensten sowie sogenannten „Managed Services" münden. Dennoch würde es weiterhin Softwareentwicklungsfirmen für Individualentwicklungen geben, jedoch in reduzierter Anzahl. Grundlegende Infrastrukturdienste, wie beispielsweise Speicher- oder Datenbanklösungen sowie virtuelle Server, würden verstärkt durch Anbieter für Infrastructure-as-a-Service (IaaS) geliefert werden. Auf dieser Basis würden Anbieter für Platform-as-a-Service (PaaS) Ökosysteme anbieten, welche Komponenten wie Entwicklungswerkzeuge, generische Anwendungsfunktionalitäten, Ablaufumgebungen oder Softwaremarktplätze umfassen können. Plattformen werden von mehreren Autoren als Geschäftsmodell vorgeschlagen, vor allem durch die Chance Softwareentwicklungsprozesse deutlich zu beschleunigen, die Integrationsfähigkeit von Software zu erhöhen oder eine leichte Vermarktung von Endprodukten zu unterstützen, weshalb PaaS-Angebote an Bedeutung gewinnen werden. Das Konzept von SaaS ist bereits recht verbreitet und wird oft als Synonym für Cloud-Dienste verwendet. SaaS erfordert keine besondere Infrastruktur und keine IT-Experten für die Betriebs- und Bereitstellungsaufgaben. Sie erlaubt es, Kosten zu variabilisieren und dynamisch Kapazitäten in Abhängigkeit von der tatsächlichen, aktuellen Nachfrage abzurufen (vgl. Urbach und Ahlemann 2016: 108 f.). Hieraus leiten Urbach und Ahlemann eine Notwendigkeit von „Cloud-Managern" ab, welche ergänzende Services zu obigen Cloud-Angeboten anbieten. Dies ist nötig, da Cloud-Service-Anbieter oftmals keinerlei Beratungsleistungen oder Dienstleistungen jenseits standardisierter Service-Level-Agreements (SLA) und AGBs sowie einer elementaren Grundversorgung anbieten. Cloud-Manager übernähmen somit den umfassenden Helpdesk oder eine Unterstützung bei der Konfiguration der Cloud-Dienste für ausgewählte Cloud-Service-Anbieter, was den Aufwand für Endkunden minimiere. Zudem könnten Intermediäre auftreten, welche mit verfügbaren Infrastrukturdiensten oder -kapazitäten handeln (vgl. Urbach und Ahlemann 2016: 109 f.). Als Vorbereitung für eine Cloud-Infrastruktur empfehlen Urbach und Ahlemann den Grad der Virtualisierung der eigenen Infrastruktur zu erhöhen, da diese sich meist deutlich leichter auf Basis von IaaS-Diensten betreiben ließen. Dazu sollte die IT-Landschaft möglichst vereinheitlicht und vereinfacht sein. Dies könne beispielsweise im Kontext des Unternehmensarchitekturmanagements durch entsprechende Architekturstandards und -prinzipien sichergestellt werden (vgl. Urbach und Ahlemann 2016: 110 f.).

4.4.7 Standardisierung und Baukasten-IT

Die hohe Komplexität von aktuellen IT-Architekturen begründen Urbach und Ahlemann mit über jahrzehntelanger Abdeckung von Geschäftsanforderungen durch die Entwicklung von monolithischen Einzelsystemen, wo Integrationserfordernisse nicht im Kern der entsprechenden Projekte standen. Diese häufig aufkommende und mittlerweile unnötige Komplexität ließe sich nur noch sehr selten von einer einzigen Person durchdringen. Das mache dynamische Anpassungen schwierig, risikobehaftet, teuer und langwierig. Für die digitale Transformation sei eine hochgradig standardisierte, modulare, flexible, ubiquitäre und elastische IT-Architektur, die sogenannte „Baukasten-IT", das Ziel. Sie erlaube einfach, mit überschaubarem Risiko, kostengünstig und schnell neue Lösungen durch die unkomplizierte Integration bestehender Module zu realisieren (vgl. Urbach und Ahlemann 2016: 127). Hierfür müssten nicht notwendige Vielfalten von Technologien, Produkten und Prozessen in der IT-Landschaft verringert werden, z.B. die Anzahl der Datenbankmanagementsysteme, der Betriebssysteme, der Entwicklungsplattformen oder auch der Instanzen eines Anwendungssystems. Auch wenn Ansätze des Unternehmensarchitekturmanagements (engl. „Enterprise Architecture Management") die IT-Landschaft und zunehmend auch die Geschäftsprozesse in Richtung eines gewünschten Zielzustandes durch zielgerichtete Analyse-, Planungs- und Umsetzungsprozesse weiterentwickeln sollen, so sehen Urbach und Ahlemann, dass viele dieser Initiativen in der Praxis nicht den gewünschten Effekt hervorbringen. Vor allem große, komplexe IT-Landschaften ließen sich bisher nicht vollständig in Form von Modellen erfassen. Auch Ansätze wie das Datenqualitäts- und Stammdatenmanagement seien mit dem Architekturmanagement verbunden (vgl. Urbach und Ahlemann 2016: 128 f.). Technologieanbieter knüpften hier mit Konzepten wie der serviceorientierten Architektur (engl. „Service-Oriented Architecture", SOA) und Entwicklungsplattformen sowie -frameworks an. Hier sei die Idee, Integrationserfordernisse mit individuellen Punkt-zu-Punkt Schnittstellen zu vermeiden und stattdessen mit einem einheitlichen Satz an offenen Schnittstellen eine gemeinsame Nutzung von Nachbarsystemen zu ermöglichen. An dieser Stelle nennen Urbach und Ahlemann die Technologien „Simple Object Access Protocol" sowie das von Samulat in den Megatrends genannte Enterprise Service Bus. Der Einsatz von SOA reduziere die Komplexität der Schnittstellen Architektur und sorge für ein höheres Maß an Wiederverwendung, sei aber nicht so verbreitet wie von Experten prophezeit (vgl. Urbach und Ahlemann 2016: 129 f.). Außerdem sprechen sie das Thema Microservices an, also sehr feingranulare Softwarefunktionen, die über offene Dienste angeboten werden und schnell sowie einfach miteinander verbunden werden können. So könnten komplexere Systeme implementiert bzw. Prozesse unterstützt werden. Der Gedanke sei hierbei, dass sich eine Vielzahl einfacher Services leichter warten ließe und zugleich der Grad der Wiederverwendung steige. Die skizzierten Ansätze seien jedoch nicht genug, um den gesamten Erfordernissen der Digitalisierung gerecht zu werden (vgl. Urbach und Ahlemann 2016: 130 f.). In den meisten Fällen ergebe es einen Sinn, eine bestehende IT-Architektur ohne Veränderung in eine Cloud zu verlagern bzw. durch cloudbasierte Dienste zu ersetzen. Die Migration in die Cloud setze ein Optimierungsprogramm voraus, welches unnötige Komplexität abbaut und die Machbarkeit der Cloud-Migration in Hinblick auf alle relevanten Architekturbestandteile prüft. Diese Optimierung und Vorbereitung könne sogar Geschäftsprozesse oder Organisationsstrukturen betreffen, wenn (1) sich Geschäftsfunktionen aufgrund von Veränderungen auf Ebene der Anwendungssysteme ergeben, (2) die Analysen zeigen, dass übermäßige und unnötig komplexe Geschäftsprozesse die Ursache der Komplexität sind oder (3) sich Leistungserstellungsprozesse in der IT-Organisation durch die Cloud-Migration verändern. Urbach und Ahlemann bezeichnen das Optimierungsprogramm als Architekturmanagement-Initiative, welche vom Unternehmensarchitekten durch klare strategische Ziele und mit ausreichenden Entscheidungs- und Veto-Rechten initiiert und gesteuert werden soll. Hier soll eine Top-Führungskraft die Aufsicht über die Architekturtransformation als Eskalationsinstanz übernehmen. Zudem könne sie notwendige Ressourcen zur Verfügung stellen und beim Change-Management unterstützen.

Die Optimierung sei eine Investition in die Zukunft, die zunächst viel Geld koste und oft indirekte positive Wirkungen entfalte, die nur schwer monetär zu bewerten seien. Ist das Optimierungsprogramm umgesetzt, könne die Cloud-Migration stufenweise oder bei großen IT-Architekturen in einzelnen Schritten erfolgen. Zugleich müsse parallel eine funktionierende Provider-Steuerung aufgebaut werden, damit Cloud-Anbieter bezüglich ihrer Verpflichtungen überwacht werden und eine langfristig produktive Zusammenarbeit möglich wird (vgl. Urbach und Ahlemann 2016: 134 f.). Um das IT-Outsourcing durch generische Infrastruktur- und Geschäftsanwendungsdienste extern zu beziehen und künftig Produkte sowie Dienstleistungen zu platzieren, wird eine weitergehende Standardisierung vorausgesetzt. Diese umfasse einheitliche Systeme, Prozesse und Protokolle. Da sich die digitale Transformation auch auf unternehmensübergreifende Wertschöpfungsprozesse (engl. „Supply Chains"), gesellschaftspolitische und soziale Lebensbereiche erstrecke, seien stabile IT-Infrastrukturen von besonderer Bedeutung und nur durch eine Standardisierung zu erreichen. Es sei auch zu erwarten, dass Gesetze und Verordnungen bestimmte Sicherheits- und Stabilitätsanforderungen definieren und durchsetzen werden, also eine Standardisierung von IT vorantreiben werden. Durch die zunehmende Standardisierung werde auch eine Vergleichbarkeit von Angeboten gefördert und ein Anbieterwechsel für Kunden erleichtert. Für IT-Organisationen bedeutet dies, dass eigene Infrastrukturen zunehmend leichter durch cloudbasierte Infrastrukturen ersetzt werden können (vgl. Urbach und Ahlemann 2016: 105 f.). Auch für Gassmann und Sutter ist die Standardisierung eine Voraussetzung, um überlegene Kundenerfahrungen durch neue Produkte, Dienstleistungen und Geschäftsmodelle zu ermöglichen. Sie untergliedern die Standardisierung in drei Phasen. (1) Erstens, die „IT-Rationalisierung", also sicherere, zuverlässigere und kosteneffizientere Systeme, (2) zweitens die „Operational Excellence", also optimierte, vereinfachte und global standardisierte Geschäfte sowie (3) drittens „Leading-Edge Digital Business", also überlegene Kundenerfahrungen (vgl. Gassmann und Sutter 2016: 5 f.).

4.4.8 Clusterinitiativen und Partnernetzwerke

Künzel und Meier zu Köcker prägen den Begriff der Clusterinitiativen im Kontext der digitalen Wirtschaft am Beispiel der Industrie 4.0. Clustermanager stellen dabei Moderatoren des regionalen und institutionsübergreifenden Innovationsgeschehens und -prozesses dar. Das Clustermanagement eigne sich vor allem für kleine und mittlere Unternehmen. Zu Clustern werden Unternehmen, Hochschulen und Forschungseinrichtungen als wesentliche Akteure des Innovationsgeschehens gezählt. Der Begriff lehnt sich an Michael E. Porters gleichnamiger Theorie an. In dieser ergänzen sich geografische Konzentrationen von miteinander verbundenen Unternehmen und Institutionen in verwandten Branchen durch gemeinsame Austauschbeziehungen und Aktivitäten entlang einer oder mehrerer Wertschöpfungsketten (vgl. Künzel und Meier zu Köcker 2017: 185). Durch die zunehmende Vernetzung in der Wertschöpfungskette werden Möglichkeiten für die Cluster deutlich, die auch zu neuen Geschäftsmodellen führen können. Ziel des Clustermanagements sei eine Simulation aller Wertschöpfungsschritte sowie ein zeitnahes Feedback über alle Stufen der Wertschöpfung. Die Cluster werden bei anderen Autoren z.b. als Partnernetzwerke, Partnerschaften oder Wertschöpfungsnetzwerk beschrieben (vgl. Künzel und Meier zu Köcker 2017: 186). Hamidian und Kraijo schlagen eine Vernetzung mit Partnern vor, um Lieferketten zu verschlanken, Unternehmensabläufe zu optimieren, eine möglichst lagerlose Materialversorgung zu nutzen und mit Hilfe von SMAC-Technologien weitere positive Netzwerkeffekte und Innovationen zu erwirken (vgl. Hamidian und Kraijo 2013: 11 f.). Sie sehen z.b. die Erfolgsstrategie der Digitalisierung in flexiblen Wertschöpfungsnetzwerken, die sich durch geringen Investitionsaufwand und enormer Reichweite definieren lassen (vgl. Hamidian und Kraijo 2013: 12). Um sich verkürzenden Produktlebenszyklen und vermehrtem Wettbewerb zu entgegnen, empfehlen sie das „Modell der offenen Innovation", also einer öffentlichen Behandlung von Ideen zusammen mit Kunden, Lieferanten, Universitäten und sogar einigen Wettbewerbern. Diese mache zudem Produkte und Dienstleistungen schrittweise bekannter und sei somit zugleich eine Form des Marketings (vgl. Hamidian und Kraijo 2013: 13). Künzel und Meier zu Köcker stellen fest, dass das Thema Clustermanagement bei den befragten Unternehmen als sehr wichtig eingestuft wird, jedoch noch Ideen für Servicekonzepte hierzu gesucht werden. Das Clustermanagement soll vor allem den hohen und diversifizierten Informationsbedarf von kleinen und mittleren Unternehmen im technischen und nichttechnischen Bereich zu konkreten Anforderungen bedienen. Eine Kooperation mit anderen Clusterorganisationen, sogenanntes „Cross-Clustering", sei notwendig, um diesen Herausforderungen zu begegnen und durch Kollaboration gemeinsame Lösungsansätze zu finden (vgl. Künzel und Meier zu Köcker 2017: 189). Aufgrund des Mangels an Servicekonzepten zeigen beide Autoren ein dreistufiges Strategieentwicklungsmodell auf, um das Service-Design zu erleichtern. Zusammenfassend bleibt dabei die konkrete Ausgestaltung der Services die Aufgabe der einzelnen Clustermanagements, da diese näher an Anwendern und branchenspezifischen Anforderungen sind. Die digitale Wirtschaft müsse in den Clustermanagements selbst verstanden und gelebt werden, weshalb der Begriff „Netzwerker" eine neue Dimension erhalte (vgl. Künzel und Meier zu Köcker 2017: 190 f.).

4.4.9 Digitale Service-Systeme

Der Ansatz der Clusterinitiativen und Partnernetzwerke wird von Li, Peters und Leimeister aufgegriffen. Sie stellen den Begriff der Servicesysteme vor und sehen die Aufgabe von Servicesystemen in der richtigen Förderung und Nutzung eigener Kompetenzen und Ressourcen. Hierdurch entstünden in einem Unternehmen die notwendigen Wettbewerbsvorteile. Um in einem kompetitiven Umfeld überleben zu wollen, müssten Unternehmen nämlich mindestens so schnell wie ihre Konkurrenten voranschreiten. Da im Zeitalter der Digitalisierung und des Geschäftsmodellwettbewerbs immerzu die Gefahr disruptiver Technologien bestünde, also von Innovatoren überholt zu werden, seien systemische, holistische Ansätze unabdingbar. Nur durch solche Ansätze könnten neue Innovationsmöglichkeiten ausgeschöpft werden. Dabei würden die Innovation von digitalen Servicesystemen neben Humankompetenzen und weiteren Ressourcen stets auch eine technische Komponente als Kernressource beinhalten. Dies sei auch für klassisch-produktorientierte Unternehmen äußerst relevant, da innovative Dienstleistungen sich über alle Industrien hinweg erstreckten und ein wesentlicher Bestandteil der aktuellen Entwicklung der Digitalisierung seien (vgl. Li et al. 2016: 29). Der Begriff der Dienstleistungen oder Services hätte sich seit der Jahrtausendwende stark verändert. Auch hier soll ein Paradigmenwechsel stattgefunden haben, der als „Service Dominant Logic" definiert wird. Dienstleistungen seien nun die fundamentale Basis aller Wertschöpfung für den Kunden. Operante Ressourcen, wie z.B. Wissen und Fähigkeiten, seien die Basis des Handels zwischen Marktpartnern, was einen Austausch von Dienstleistung gegen Dienstleistung darstelle. Güter hingegen seien als Distributionsmechanismen zur Bereitstellung von Dienstleistungen zu verstehen. Dadurch würden physikalische Güter ebenfalls zu einer speziellen Form von Dienstleistungen. Die Leistungsversprechen, welche Unternehmen ihren Kunden mit Dienstleistungen bieten, seien aus Kundensicht zugleich Wertversprechen. Der Wert könne erst im Konsum der Dienstleistung realisiert werden, weshalb der Kunde immer an der Kreation des Werts beteiligt sei. Güter könnten dabei Teil eines Leistungsbündels und essenziell für den wirtschaftlichen Austausch sein. Aber auch produktorientierte Unternehmen würden mit ihren Gütern und Produkten Dienstleistungen an Kunden in Form von Wertversprechen beim Verkauf transportieren. Nutzwert würde stets gemeinsam mit dem Kunden generiert werden. Daher seien Dienstleistungen Aktivitäten oder eine Folge von Aktivitäten mit meist immaterieller Natur, die normalerweise in der Interaktion zwischen den beiden Komponenten eines Servicesystems stattfinden und Dienstleistungen produzieren sollen. Dabei bestünde ein Servicesystem aus dem Dienstleistungsnehmer und dem Potenzial bereitstellenden Dienstleistungsanbietersystem, inklusive IT- und Nicht-IT-Ressourcen sowie einem Netz aus verschiedenen Dienstleistungsanbietern. Der

Dienstleistungsnehmer fungiere als Koproduzent. Das Ergebnis des Interaktions-
prozesses generiere einen marktfähigen Nutzen. Ein Servicesystem könne man
auch als eine Konfiguration von Ressourcen aller Art verstehen, die Dienstleistungen an Kunden anbieten und somit Wert generieren. Beispielsweise bestünde
in der Automobilbranche der eigentliche Nutzen für den Kunden im Kern in der
Mobilität, welche durch den Besitz des Autos versprochen würde. Jederzeit Zugriff auf Mobilität zu haben (Mobility-On-Demand), wäre also die zusätzlich
verkaufte Dienstleistung zum Auto. Dies sei Basis für Geschäftsmodelle wie
Mobility-as-a-Service oder Carsharing, welche sich auf die Dienstleistung der
Mobilität konzentrieren würden. Ähnlich innovative Servicesysteme seien durch
die Digitalisierung für viele Branchen möglich (vgl. Li et al. 2016: 30 f.). Da
Kundenerwartungen gestiegen sein, könnten nur Servicesysteme, welche die
richtigen Daten für die richtigen Dienstleistungen zusammenbringen, Wert für
bestimmte Kunden generieren. Solche mit Daten angereicherten Dienstleistungen wären auch unter dem Begriff „Smart Services" bekannt. Sie würden den
Kern der Serviceinnovation im Zeitalter der Digitalisierung bilden, aber in einem
übergreifenden Servicesystem erbracht werden. Da Servicesysteme meist in
irgendeiner Form bereits vorhanden seien, müssten sie nicht komplett neu entwickelt werden. Es fehle lediglich eine systemisch ganzheitliche Dienstleistungs-
perspektive, welche die Wertschöpfung aus der Koordination und Konfiguration
verschiedener Ressourcen ermöglicht. Aus bestehenden Servicesystemen ließen
sich innovative Servicesysteme entwickeln oder nutzen, um innovative Dienstleistungen anzubieten, welche wiederum neue Geschäftsmodelle und neue Wert-
schöpfungsmöglichkeiten ermöglichen sollen. Das hieraus resultierende „Ökosystem" bilde neue Kunden-Anbieter-Beziehungen, durch die gemeinsame Innovationsmöglichkeiten entstehen könnten. Somit würden nicht nur Plattforman-
bieter gebraucht, sondern auch geeignete Kooperationspartner mit dem nötigen
Expertenwissen (vgl. Li et al. 2016: 31 f.). Um wettbewerbsfähig zu bleiben,
müssten Unternehmen also lernen innovativ zu sein. Dies lasse sich durch
Dienstleistungen erreichen. In Form von Servicesystemen und datengetriebenen
Dienstleistungen könnten internen und externen Kunden neue Wertversprechen
angeboten werden. Durch die Einordnung derzeitiger Ressourcen in ein Servicesystem und in eigene Dienstleistungen, könnten Unternehmen Konfigurations-
möglichkeiten aufdecken, welche neue, innovative Dienstleistungen in das exis-
tierende Servicesystem integrierbar machen. Wie das Wissen der Mitarbeiter in
kontinuierliche Innovationsprozesse integriert werden könne und wie ein Einfüh-
rungsmechanismus sowie Change-Management aussehen könnten, um mit kontinuierlich entwickelten innovativen Dienstleistungen umzugehen, stünde derzei-
tig in der Forschung noch offen. Das Thema wird mit einem Leitfaden für die
systematische Entwicklung von Servicesystemen in vier Schritten abgeschlossen.

(1) Die Problemstellung ist zu erkennen und einzugrenzen, während Akteure und weitere Ressourcen des Servicesystems im Unternehmen identifiziert werden. (2) Fehlende Kompetenzen seien mit einer Ist-Analyse zu identifizieren. (3) Ein eigenes Servicesystem im Unternehmen sei durch eine Ressourcenteilung und -verschiebung oder eine Einbindung externer Ressourcen auf Basis einer „Stakeholder-Map" zu konfigurieren. (4) Die Maßnahmen zur Integration der neu konfigurierten Ressourcen im Unternehmen sollen mit einem Change-Management und IT-Management-Maßnahmen erstellt werden. Insgesamt sollte der Nutzer während und unmittelbar nach der eigentlichen Einführung neuer Technologien integriert werden (vgl. Li et al. 2016: 37 f.).

4.5 Anforderungen an das Management

Wie im letzten Abschnitt dargestellt verändert die Digitalisierung die gesamte Geschäftswelt. Dies setzt auch Veränderungen im Management und den Managementpraktiken voraus. Dieser Abschnitt befasst sich daher mit den neuen Anforderungen an das Management im Zeitalter der Digitalisierung.

Dass die Digitalisierung von Führungskräften bereits als Thema ernst- und wahrgenommen wird, bestätigt Khan mit seiner Arbeit. Dabei prägt er den Begriff „virtual leadership" (dt. „virtuelle Führung") als Meilenstein für Führungskräfte. Diese Führungsform lasse sich durch Nutzung digitaler Tools, Methoden und Praktiken erreichen, indem Führungskräfte sich neuer Technologien annehmen und hier Präsenz zeigen. Zudem sei ein ganzheitlicher Ansatz für die Denkweise der Führungskräfte wichtig, also dass diese sich dem komplexen und wandelnden Umfeld bewusst seien und nicht lediglich in ihren Abteilungen arbeiten. Die Digitalisierung ermögliche und erfordere eine schnelle Transformation von Organisationen und zugleich interdisziplinäre und bereichsübergreifende Zusammenarbeit (vgl. Khan 2016 44 f.). Dem stimmen viele wissenschaftliche Quellen zu, was dieser Abschnitt zeigen soll.

4.5.1 Industrialisierung der IT

Bisher wurden laut Urbach und Ahlemann auf die IT-Organisation industrielle Methoden und Prozesse übertragen. Diese IT-Industrialisierung sollte die Effektivität und Effizienz der IT-Organisation steigern und sie als serviceorientierten Dienstleister positionieren, weshalb z.B. ITSM und ITIL zum Einsatz kamen. Urbach und Ahlemann identifizieren hier das vorherrschende Paradigma „Plan-Build-Run". Dieses sei aber nicht mehr adäquat abbildbar. Umfängliche Systeme würden nicht mehr geplant und dann implementiert werden, sondern Unternehmen gingen dazu über, ihre IT-Wertschöpfungskette zu verkürzen und Teile dieser Kette an externe Partner abzugeben. Dadurch entwickelten sich viele IT-

Organisationen in Richtung des Paradigmas „Source-Make-Deliver" weiter. Diese Entwicklung bedeute für das IT-Management eine Notwendigkeit, neue Fähigkeiten zu entwickeln. Statt klassischer IT-Aufgaben wie dem IT-Infrastrukturbetrieb und der Anwendungsentwicklung waren ausgeprägtere Kompetenzen etwa im ITSM, der Priorisierung von IT-Investitionen im Rahmen eines Portfoliomanagements, im Management von IT-Architekturen, im Anforderungsmanagement sowie in der Anbindung von Kunden, Lieferanten und Partnern gefragter. Zwar führte die IT-Industrialisierung zu gewünschten Effekten, trennte aber die IT-Organisation vom Unternehmen, so dass ein intaktes Business-IT-Alignment zur kontinuierlichen Herausforderung wurde (vgl. Urbach und Ahlemann 2016: 25 f.). Durch die Anforderungen der Digitalisierung stieße das industrialisierte IT-Management mit seinen automatisierten und optimierten Prozessen nun an seine Grenzen. Bereits das Potenzial zur integrierten Unterstützung von Geschäftsprozessen habe Systeme wie Enterprise-Resource-Planning (ERP), Supply-Chain-Management (SCM) und Customer-Relationship-Management (CRM) hervorgebracht. Das bisherige, weit verbreitete Plan-Build-Run-Paradigma würde nun die Realität von IT-Organisationen nicht mehr adäquat abbilden. Dies würde vor dem Hintergrund von Entwicklungen wie IT-Outsourcing und Application-Service-Providing besonders deutlich werden. Bisher wurde die Bereitstellung neuer Technologien systematisch geplant („Plan"), umgesetzt („Build") und die resultierenden Services effizient betrieben („Run") (vgl. Urbach und Ahlemann 2016: 56). In der Phase „Plan" werden IT-Services in Qualität und Menge definiert, ein IT-Investitionsportfolio abgeleitet und eine systematische Weiterentwicklung der IT-Organisation im Rahmen des Paradigmas bestimmt. Die Phase „Build" umfasst sämtliche Projekt- und Linienaktivitäten zur Erweiterung oder Veränderung des Leistungsportfolios oder der Wertschöpfungskette. Die Phase „Run" erbringt die IT-Leistungen für Kunden und Fachbereiche, z.B. durch den operativen Betrieb eines Rechenzentrums oder durch Support-Prozesse. Die Industrialisierung der IT in diesem Paradigma führte, z.B. durch räumliche Entfernung, Fachsprachen, Kulturen und Mangel an geschäftsbezogenem Wissen, zu einer Entfremdung von spezialisierten IT-Abteilungen und den Fachbereichen (vgl. Urbach und Ahlemann 2016: 137 f.). Statt umfängliche Systeme zu planen und selbst zu implementieren, würden aktuell immer mehr Unternehmen ihre IT-Wertschöpfungskette verkürzen und Teile dieser Kette an externe Partner abgeben. Hierzu zählt z.B. ein ausgelagerter IT-Service-Desk oder das Leasing von Hardware sowie die dazugehörige Wartung durch externe Partner. Daher wurde das Plan-Build-Run-Paradigma zum integrierten Informationsmanagement-Modell weiterentwickelt, welches auch als Source-Make-Deliver-Paradigma bezeichnet wird. Hier kommen Phasen der Ressourcenbeschaffung und des Lieferantenmanagements („Source"), die Koordination des Leistungserstellungsprozesses („Make") sowie das Management der Kundenbeziehung, die Erfassung der Kundenanforderungen der Kunden und die operative Steuerung der Kundenschnittstelle („Deliver"). Laut Urbach und Ahlemann betonen beide Paradigmen die Eigenständigkeit der IT-Wertschöpfungskette, welche eine weitgehend unabhängige Planung und Steuerung erfordert. Die IT-Wertschöpfungskette würde von Spezialisten überwacht werden, welche über definierte Schnittstellen mit den zumeist internen Kunden kommunizieren. Teile der Wertschöpfungskette können ausgelagert werden, was die IT-Organisation teilweise substituierbar macht. Das IT-Management konzentriere sich hierbei auf Effizienz und Verlässlichkeit. Durch Hilfe von Prozessen würden IT-Services erstellt (Service-Design) und betrieben (Service-Operation), was laut beiden Autoren einer hochgradig automatisierten Fließbandfertigung gleiche. Die zentralen Ziele seien Kosteneffizienz, Verlässlichkeit und hohe Prozessqualität. Doch mit den Herausforderungen der Digitalisierung kommen disruptive, IT-basierte Innovationen, die etablierte Geschäfts- und Wertschöpfungsmodelle gefährden. Dies erfordere adäquate Antworten und proaktives Handeln. Doch gebe es wenig konkrete Handlungsempfehlungen für Unternehmen (vgl. Urbach und Ahlemann 2016: 56 f.).

4.5.2 Implikationen für das IT-Management

Das Management von Unternehmen müsse laut Urbach und Ahlemann akzeptieren, dass der Transformationsprozess nicht im Kontext eines einmaligen begrenzten Projektes vollzogen werden kann, sondern einer langfristigen Initiative bedarf, damit die notwendigen Fähigkeiten entwickelt werden können. Zudem dürfe die digitale Transformation nicht als rein technologische Initiative interpretiert werden, da sie nahezu alle Bereiche des strategischen sowie operativen Managements betreffe. Oft seien weitreichende Veränderungen in Hinblick auf das Wertesystem und das Verhalten der Mitarbeiter erforderlich, sodass auch mit potenziellen Widerständen zu rechnen sei. Dies unterstreiche die besondere Rolle eines umsichtigen Change-Managements. Zudem erfordere sie eine Außenorientierung, um einerseits frühzeitig relevante marktorientierte und technologische Entwicklungen zu identifizieren und in der Folge analysieren zu können, andererseits um Kompetenzen und Ressourcen kurz- oder mittelfristig von erfahrenen, externen Partnern beizusteuern (vgl. Urbach und Ahlemann 2016: 64). Eine projektartige „First-Mover"-Strategie lohne sich für viele Unternehmen aufgrund hoher Kosten nicht, wenn keine notwendige Reife im Unternehmen selbst vorherrsche. Der Markt sowie entsprechende Technologien und Produkte seien aufmerksam zu beobachten und mit entsprechenden Entwicklungsfortschritten zu bewerten (vgl. Urbach und Ahlemann 2016: 51). Die Innovationskraft der aktuellen IT-Innovationen, wie maschinelles Lernen, den SMAC-Technologien und

dem Internet der Dinge, ginge vornehmlich aus der stark gestiegenen Leistungsfähigkeit, den deutlich besseren Vernetzungsmöglichkeiten und der immer stär-
keren Verbreitung hervor. Das erst bewirke den revolutionären Charakter der
Digitalisierung. Folglich würde IT in stärkerem Maße eingesetzt werden, um
Innovationen für das Gesamtunternehmen zu realisieren. IT-Organisationen
müssten daher proaktiv und frühzeitig mit den Fachbereichen kooperieren, um
solche Innovationen gemeinsam zu konzipieren und auf den Weg zu bringen.
Strukturell und prozessual seien viele IT-Organisationen gar nicht auf ihre Rolle
in der digitalen Transformation vorbereitet. Vor allem in ihrer Rolle als reaktiver
Systemanbieter habe sich die IT-Organisation vornehmlich darauf konzentriert,
die eingereichten Anforderungen der Fachbereiche möglichst effektiv und effizient in qualitativ hochwertige IT-Services zu übersetzen und diese zu betreiben,
was von ihm auch als Industrialisierung der IT bezeichnet wird (vgl. Urbach und
Ahlemann 2016: 2 f.). Durch die Digitalisierung sei aber vornehmlich die Kollaboration mit den Anforderungserstellern wichtig. Deshalb sei davon auszugehen,
dass die IT-Organisation in ihrer derzeitigen Aufstellung bald nicht mehr existieren würde. IT-Funktionen und zentrale Aufgaben sollen zwar weiterhin zur Verfügung gestellt und bewerkstelligt werden. Die verbleibenden Tätigkeiten der IT-
Organisation würden jedoch vornehmlich in (1) die langfristige Planung der IT-
Architektur (Architekturmanagement), (2) die Koordination der Innovationstä-
tigkeiten (IT-Innovationsmanagement), (3) die Steuerung und Überwachung
(Projektportfolio- und Lieferantenmanagement sowie das Service-Monitoring),
sowie (4) in Koordinationsaufgaben hinsichtlich der dezentralen und zentralen IT
bezogenen Aufgaben (IT-Governance, Standardisierung) übergehen. Auch (5)
Aufgaben im Zusammenhang mit der IT-Sicherheit (Security-Management)
sowie (6) der fortgesetzten Geschäftstätigkeit (Business-Continuity-
Management) seien von Bedeutung. Daher sollte die IT-Organisation im Vor-
stand oder nahe dem Top-Management vertreten sein, um Innovations- und Digitalisierungsvorhaben aktiv mitgestalten zu können (vgl. Urbach und Ahlemann
2016: 11).

Folgend werden unterschiedliche Handlungsempfehlungen für das IT-
Management vorgestellt. Urbach und Ahlemann empfehlen IT-Führungskräften
folgende Initiativen und Handlungsfelder für die digitale Transformation in Be-
tracht zu ziehen: (1) Technology Watch, also ein aktives Verfolgen und Evaluie-
ren gemeinsam mit den Fachbereichen von aktuellen Technologieentwicklungen,
um alle Einsatzmöglichkeiten zu erfassen und eine vertrauensvolle Zusammenarbeit vorzubereiten, (2) Market Watch, also die Beobachtung des eigenen Marktes und kleinerer, unbekannter Marktteilnehmer sowie Technologieanbieter aus
Nachbarindustrien mit Geschäftsmodellen, die das eigene Produkt- und Leis-
tungsportfolio sowie die eigene Positionierung im Markt beeinflussen könnten,

(3) Optimierung der IT-Architektur, um flexibel auf neue Marktanforderungen reagieren zu können und Sicherheitsanforderungen zu genügen, (4) Zusammenarbeit mit den Fachbereichen über das Demand- und Service-Management hinaus, (5) Partner-Management um das eigene Kompetenzportfolio durch Technologiepartner zu erweitern und bestehende Lieferantenbeziehungen zu pflegen oder zu intensivieren, (6) Institutionalisierung, also die Schaffung einer Struktur im Unternehmen, um Innovationen mit verschiedenen anderen Unternehmensfunktionen erarbeiten zu können sowie (7) den Kulturwandel in der IT-Organisation zum proaktiven Kollaborateur (vgl. Urbach und Ahlemann 2017). Außerdem stellen Urbach und Ahlemann zehn Thesen über die IT-Organisation der Zukunft auf. Diese sind (1) IT wird der zentrale und unverzichtbare Treiber unternehmerischer Wertschöpfung, (2) das IT-Management folgt dem Paradigma „Innovate-Design-Transform", (3) IT-Innovationen werden in interdisziplinären Teams in den Fachabteilungen erarbeitet, d.h. Schatten-IT wird zur Praxis, (4) aus strategischen Lieferanten werden Innovationspartner im Partner-Netzwerk, (5) Entwicklungsprozesse werden agil, endbenutzerzentriert und mit dem Betrieb verschmolzen, (6) IT-Infrastrukturleistungen werden auf freien Märkten gehandelt und nach Bedarf eingekauft, (7) IT-Sicherheit und Business-Continuity-Management werden zentrale Querschnittsfunktionen des Unternehmens, (8) IT-Architekturen werden standardisiert, modular, flexibel, ubiquitär, elastisch, kostengünstig und sicher, (9) IT-Experten werden Teil der Fachabteilungen und durch ein dediziertes Vorstandsressort koordiniert, d.h. IT-Abteilungen werden aufgelöst sowie (10) Mitarbeiter werden zum strategischen Wettbewerbsfaktor (vgl. Urbach und Ahlemann 2016: 27-33). Mit der neunten These über die IT-Organisation der Zukunft vertreten Urbach und Ahlemann die Ansicht, dass die klassische IT-Abteilung unterhalb eines Vorstandsressorts schlecht für die digitale Transformation positioniert sei. Ein Großteil der Aufgaben könne direkt in den Fachbereichen wahrgenommen werden oder müsse mit diesen erarbeitet werden, während gleichzeitig große Teile der IT-Wertschöpfung extern erbracht werden könnten. Durch die steigende, strategische Bedeutsamkeit von IT für das Gesamtunternehmen sei sie aber mit ihren verbleibenden Aufgaben besser für eine zentrale Funktion in Vorstandsnähe geeignet (vgl. Urbach und Ahlemann 2016: 137).

    Gassmann und Sutter halten 14 Punkte als Erfolgsfaktoren bei der Führung der digitalen Transformation fest. Diese leiten sie ab, da die digitale Transformation für sie stets die gleiche Musterabfolge aus vier Schritten besitzt: (1) Daten werden generiert, also der Anteil der Sensorik an der Datengenerierung nimmt zu, (2) Daten werden vernetzt, also der Anteil der vernetzten realen Produkte, Prozesse und Systeme wächst, (3) Daten werden analysiert und visualisiert, woraus kundenrelevante Erkenntnisse gewonnen werden sollen und schließlich werden (4) Mehrwerte aus Daten generiert, z.B. über neue Dienstleistungen, verbesserte Prozesse oder neue Funktionalitäten von Produkten. Als Erfolgsfaktoren stünden dabei (1) Kundenerkenntnisse im Kern, wobei der Kunde als wichtigstes Element der Wertschöpfung angesehen wird. Hier reiche das klassische V-Modell von Bedarfserfassung über Marktforschung bis zum Spezifizieren und Umsetzen nicht mehr aus. Es bedarf interaktiver und agiler Entwicklungsprozesse mit raschen Feedbackschleifen, auch um latente Kundenbedürfnisse zu erfassen. Eine (2) starke Vision sei als Mobilisierung und Ausrichtung der Teams notwendig, sowie die (3) Entwicklung digitaler Geschäftsmodelle. (4) Teams müssten mit richtigen Partnern ausgestattet werden, zielorientiert und eine hohe Diversität (engl. „cross-functional") aufweisen, während sie starke Konflikt- und Kommunikationskompetenzen zeigen und vom Top-Management unterstützt werden. Dabei sei (5) permanentes Lernen wichtig und die (6) Agilität in der Entwicklung zu stärken, während (7) sogenannte „Silos" durch funktions-, bereichs- und oft unternehmensübergreifende Zusammenarbeit überwunden werden (vgl. Gassmann und Sutter 2016: 11 f.) und (8) das gesamte Unternehmen für die Digitalisierung und Zusammenarbeit sensibilisiert werde. Beide begrüßen (9) die kurze Planung mit kundennahen Prozessen und hoher Lernfähigkeit sowie Flexibilität und bezieht sich auf (10) eine Mentalität aus Lean-Start-Up, wo durch schnelle Design-Build-Test-Zyklen sogenannte „Minimum Viable Products" (dt. „Minimalprodukt") erzeugt und mit Kundenakzeptanz oder -ablehnung geprüft werden können. (11) Eine Vernetzung mit strategischen Partnern sei und (12) Talente in Bezug auf Digitalisierung seien zu gewinnen (vgl. Gassmann und Sutter 2016: 12 f.). Insgesamt seien (13) Quick-Wins, also kurzfristige Fortschritte, zu realisieren und zu kommunizieren um Kritiker abzuwehren und in der Geschäftsleitung die Bindung (engl. „Commitment") zu verstärken, und die (14) Kommunikation insgesamt ein wichtiger Bestandteil (vgl. Gassmann und Sutter 2016: 13 f.).

4.5.3 Aktuelle Herausforderungen an die IT-Abteilung

Für Urbach und Ahlemann ist die IT-Organisation den Anforderungen der Digitalisierung nicht gewachsen und müsse samt IT-Management modernisiert werden (vgl. Urbach und Ahlemann 2016: 22). Die IT werde aktuell hauptsächlich zur Unterstützung von Geschäftsprozessen und zur Lösung von Entscheidungsproblemen herangezogen. Das mache etablierte Geschäftsprozesse sowohl effizienter als auch effektiver. Effizienz ließe sich z.B. durch die Automatisierung oder den Wegfall von Prozessschritten, die schnelle Übermittlung von Informationen oder auch den Abbau von Medienbrüchen steigern. Die Gewinne an Effektivität ließen sich durch fortgeschrittene, computerbasierte Entscheidungsmodelle, automatisiertes Reporting oder auch anspruchsvolle Datenanalysen realisieren. Dies war grundsätzlich durch leistungsfähige Client-Server-Systeme möglich, die mittlerweile in Form von Web-Anwendungen oft noch immer im Einsatz seien (vgl. Urbach und Ahlemann 2016: 35 f.). In der digitalen Transformation stünden zwar Geschäftsfunktionen im Vordergrund, aber die Transformation bleibe ein IT-Thema. Daher müsse die IT-Organisation der Zukunft mit den geänderten Rahmenbedingungen umgehen können und den verstärkten IT-Einsatz, den die Digitalisierung erfordert, ermöglichen, unterstützen und sogar vorantreiben. Dazu müsse sie neue Technologien verstehen, ihre Einsatzmöglichkeiten bewerten und sie teilweise auch beherrschen. Zusätzlich müsse sie sich von ihrer Rolle als reiner Service-Provider wegentwickeln. IT-Innovationen dürften nicht mehr wie bisher als Reaktionen auf Anforderungen der Fachbereiche (reaktiv) oder als technologische Verbesserung bisher vorhandener technologischer Lösungen (inkrementell) realisiert werden. Für eine proaktive Rolle im Unternehmen müssten die IT-Funktionen organisatorisch verankert sowie die IT-Organisation in der Leitungsebene eines Unternehmens vertreten werden. Es müssten auch Fähigkeiten, Strukturen, Prozesse und Architekturen entwickelt werden, mit welchen IT-basierte Innovationen für die Digitalisierung überhaupt entwickelt werden können. IT-Innovationen, z.B. eine Integration in die bestehende IT-Landschaft, wären leichter zu realisieren, wenn bestehende Architekturen flexibel, modular und elastisch gestaltet seien. Zudem müsse die IT-Organisation mit Mitarbeitern ausgestattet werden, die neue Produkte, Dienstleistungen und Geschäftsmodelle entwickeln können. Dies erfordere meist andere Fähigkeiten und Begabungen als im Ursprung der IT, welcher noch in der Verwaltung von Großrechnern oder später von MRP- oder ERP-Systemen lag (vgl. Urbach und Ahlemann 2016: 17). Die digitale Transformation verändere die Anforderungen an die Unternehmens-IT. Der Einsatz von IT würde sich nicht mehr nur auf die Geschäftsprozesse, sondern zunehmend mehr auch auf die angebotenen Produkte und Dienstleistungen beziehen (vgl. Urbach und Ahlemann 2016: 35). Dadurch, dass die Informationstechnologie als unternehmenskritische Ressource für Geschäftsprozesse verstanden und zusätzlich ein zentraler Bestandteil neuer Produkte, Dienstleistungen und vollständiger Geschäftsmodelle würde, soll die Geschäftstätigkeit durch ihren Einsatz nicht nur effizienter werden, sondern wäre ohne sie nicht mehr denkbar. Bisher hätten sich viele IT-Organisationen darauf konzentriert, die Anforderungen der Fachbereiche möglichst effektiv und effizient in qualitativ hochwertige IT-Services zu übersetzen und diese zu betreiben. Mittlerweile seien sie zunehmend gefordert, das Gesamtunternehmen aktiv mitzugestalten, da IT heute und in Zukunft stärker genutzt werde, um Innovationen für das Unternehmen zu realisieren. Daher müssen IT-Organisationen proaktiv und frühzeitig mit den Fachbereichen kooperieren, um solche Innovationen gemeinsam konzipieren und auf den Weg bringen zu können. Hier werden Konzepte wie Co-Location, IT-Innovationsmanagement und Facharchitekturmanagement als Vorboten einer „neuen IT" angesprochen, wo die IT-Organisation die bloße Rolle des IT-Dienstleisters verlässt und als Berater, Enabler oder Innovator tätig werden muss. Durch Entwicklungen im Cloud-Computing oder in branchenspezifischen Prozessstandardisierungen würde zudem die Auslagerung von Elementen der IT-Wertschöpfungskette einfacher. Dadurch könne das Management von IT-Infrastrukturen, die Entwicklung neuer Software sowie der IT-Betrieb relativ unkompliziert an spezialisierte Anbieter ausgelagert werden, welche notwendige Kompetenzen vorhalten und Skaleneffekte realisieren können. Diese Möglichkeit bedeutet einen Wandel der Rollen und Fähigkeiten von heutigen IT-Organisationen. Es sei zu erwarten, dass sich dies auch in den Strukturen, Prozessen, Methoden und Governance-Mechanismen niederschlagen werde. Das bedeutet, dass eine Neuaufstellung des IT-Managements im Zuge der Digitalisierung benötigt wird. Paradox sei hierbei, dass sich die IT-Organisation in ihrer gegenwärtigen Aufstellung weitestgehend selbst abschaffen würde. Falls sie dies jedoch nicht rechtzeitig angeht, um sich im Veränderungsprozess neu zu positionieren, würde sie irgendwann möglicherweise von externen Dienstleistern abgelöst werden (vgl. Urbach und Ahlemann 2016: 26 f.). Herausforderungen für die IT-Organisation sehen Urbach und Ahlemann außerdem in Bezug auf Cloud-Computing mit dessen teils aufwendigerer Integration in die IT-Landschaft, die eingeschränkten Customizing-Möglichkeiten sowie meist nicht auf Kunden zugeschnittenen SLAs. Auch der höhere Aufwand zur Sicherstellung von Datenschutz und Datensicherheit sei keine triviale Aufgabe (vgl. Urbach und Ahlemann 2016: 5).

4.5.4 Neue Aufgaben der IT-Abteilung

Für IT-Organisationen wird es zunehmend leichter, nicht differenzierende Teile ihrer Wertschöpfungskette mit geringen Friktionen an externe Partner abzugeben und somit eine Konzentration auf wettbewerbsentscheidende Aktivitäten einzuleiten. Diese wettbewerbsentscheidenden Aktivitäten ergeben sich aus den Schwerpunktsetzungen der IT-Organisation der Zukunft. Sie betreffen beispielsweise die Innovations- und Designkompetenz, die Fähigkeit Lieferanten, Partner und Dienstleister auszuwählen und zu steuern sowie eine nachhaltig flexible und kostengünstige Unternehmensarchitektur zu entwickeln und zu pflegen. Dabei stehen technische Aktivitätsfelder wie Entwicklung und Betrieb weniger im Mittelpunkt. Stattdessen gewinnen Analysetätigkeiten, kreative Prozesse und Steuerungsprozesse an Bedeutung (vgl. Urbach und Ahlemann 2016: 64 f.). Die IT-Organisation der Zukunft habe neue Aufgaben zu übernehmen, vornehmlich mit dem Ziel frühzeitig Innovationspotenziale zu identifizieren, die dann in Einklang mit strategischen Überlegungen in lauffähige Systeme, Produkte, Dienstleistungen oder auch Geschäftsmodelle zu überführen seien (vgl. Urbach und Ahlemann 2016: 52).

Laut Urbach und Ahlemann habe sich die IT-Abteilung bisher zu sehr auf interne Kunden konzentriert, da sie vornehmlich Geschäftsprozesse automatisieren und rationalisieren sollte. Sie sollte professionellere Strukturen und Abläufe entwickeln, um die Anforderungen von Fachabteilungen aufzunehmen, eine angemessene IT-Unterstützung zu planen, diese zu implementieren und dann in Form von IT-Services zu betreiben und anzubieten. Hierdurch hätte eine IT-Organisation reaktiv gearbeitet, also auf Wünsche der Fachabteilung wartend, was zu ihrem Ruf als interne Unterstützungsfunktion und Dienstleister im Unternehmen beigetragen haben soll (vgl. Urbach und Ahlemann 2016: 55). Die zentrale Herausforderung des IT-Managements liege zukünftig darin, Innovationen mit zu entwickeln, zu implementieren und die notwendigen organisatorischen Veränderungen im Unternehmen zu begleiten oder voran zu treiben. Damit genüge die industrialisierte IT mit ihrer Ausrichtung auf IT-Infrastrukturdiensten, darauf aufbauenden Anwendungssystemen, Dienstleistungen wie dem IT-Helpdesk sowie Aufgaben im Kontext von IT-Projekten nicht mehr. Eine IT-Organisation müsse neue Geschäfts- und Wertschöpfungsmodelle auf Basis neuer Technologien (mit) entwickeln und hierfür Daten dem Unternehmen zur Verfügung stellen oder generieren sowie Schlussfolgerungen aus diesen Daten präsentieren. Damit seien die IT-Management-Paradigmen Plan-Build-Run und Source-Make-Deliver den neuen Herausforderungen der Digitalisierung nur bedingt gewachsen. Durch aufwendige Planungsphasen sowie starren und unflexiblen Prozessen führen diese Paradigmen zu langen Time-to-Market-Zeiten. Hierdurch könne nicht wie gefordert in schnellen Innovationszyklen auf Markt- und Technologietrends in angemessener Zeit reagiert werden. Beide Autoren bemängeln die Betonung des Plan-Build-Run-Paradigmas auf das effiziente Management der IT-Wertschöpfungskette, weshalb es kurzfristige, externe, marktorientierte oder technologische Impulse ignoriere. Außerdem würden unter diesem Paradigma Strukturen ausgebildet werden, welche zwar die Entwicklung von IT-Kompetenzen fördern, aber nur selten zur Akkumulation von Branchen-, Geschäftsmodell- oder (vertieften) Geschäftsprozess-Know-how führen würden. Das Source-Make-Deliver-Paradigma hingegen schaffe einen breiteren Bezugsrahmen, fokussiere sich stärker auf Lieferanten- und Kundenbeziehungen für die Beschaffung und Bereitstellung von Dienstleistungen oder anderen Ressourcen und öffne damit die IT-Organisation für eine intensive Nutzung von Partnernetzwerken. Während involvierte Partner eine weitere Steigerung der Effizienz einer IT-Organisation bedeuten können, da jeder Partner sich auf seine Kernkompetenzen konzentrieren könne, fokussiere sich dieses Paradigma jedoch ebenfalls auf Prozesseffizienz (vgl. Urbach und Ahlemann 2016: 57 f.).

Urbach und Ahlemann schlagen ein neues Paradigma namens Innovate-Design-Transform vor. Durch eine Innovations-, Gestaltungs- und Transformationsfähigkeit sollen externe Impulse auf Basis von weitreichendem Geschäfts-Knowhow aufgenommen und dann in entsprechende Innovationen umgewandelt werden. Die erste Phase „Innovate" (dt. „Innovieren") widmet sich der gezielten Entwicklung von Innovationen und umfasst strategische Zielsetzungen, Budgets, kooperative Zusammenarbeit mit Kunden und Partnern, Innovationsmanagement-Prozesse sowie individuelle Freiräume in einer Innovationskultur. Das bedeute auch, dass die IT-Organisation in Zukunft mit einem dedizierten Innovationsbudget ausgestattet werde und klare Innovationsziele setze. Hierfür solle ein Innovationsmanagement-Prozess etabliert werden, welcher die Machbarkeit von Ideen sowie ihre finanzielle Bewertung umfasst. Anders als zuvor solle sich die Innovationstätigkeit tatsächlich auf interne und externe Kunden sowie Geschäftspartner richten, anstatt auf die Optimierung interner IT-Prozesse. Diese nach außen gerichtete Innovationstätigkeit solle sich mit neuen Kooperationsmodellen für die Zusammenarbeit mit Kunden und Geschäftspartnern erreichen lassen. Die Nützlichkeit der formalisierten und vertraglich geregelten Schnittstellen zwischen IT und Fachabteilungen in Form von SLAs wird von Urbach und Ahlemann in Frage gestellt. Es sei unklar, ob SLAs für die Kommunikation in einer vertrauensvollen, kreativen, flexiblen und zukunftsorientierten Zusammenarbeit hilfreich sein können. Gleichzeitig würden die Underpinning-Contracts mit Partnern wichtiger, um Kompetenzdefizite in der Innovationsarbeit auszugleichen und externe Impulse aufzunehmen, was den Innovationserfolg nachhaltig steigern könnte. Auch diese Ausweitung der Innovationsaktivitäten und Kooperationen von Unternehmen unterschiedlicher Branchen solle das Innovationsmanagement umfassen. Hierdurch soll verstanden werden, welche Aktivitäten sich wie auf den Innovationserfolg auswirken. Das notwendige, offene, kollaborative Innovationsklima ließe sich durch kreative und initiative Freiräume in der IT-Organisation sowie interdisziplinäre Teams mit verschiedenen Ausbildungshintergründen, Erfahrungen und Kompetenzen erreichen. Darunter falle auch, Innovationsprojekte abzubrechen und als Lernerfahrung zu akzeptieren, falls sich wider Erwarten kein Marktpotenzial abzeichnet (vgl. Urbach und Ahlemann 2016: 60 f.).

Um das erarbeitete Konzept einer Geschäfts- und Wertschöpfungsmodell-Innovation umzusetzen, kommt die Phase „Design" zum Einsatz, in welcher eine detaillierte, fachliche und technische Spezifikation als Grundlage für die spätere Entwicklung erarbeitet wird. Anwender erwarteten immer mehr eine intuitive Bedienung und Benutzeroberfläche, die keine Schulung erfordert, und zudem eine kontinuierliche Weiterentwicklung sowie Verbesserung von Systemen in kurzen Zeitintervallen. Um wettbewerbsfähig zu bleiben, müssten Unternehmen daher schnell funktionsfähige Systeme entwickeln können, die eine hohe Akzeptanz bei den Anwendern genießen. Dem Design von kundenorientierten IT-Lösungen komme dabei eine zentrale Rolle zu, während die eigentliche Softwareentwicklung an Bedeutung verliere. Letztere sei durch spezialisierte Dienstleister zu ersetzen, selbst wenn sie nicht über das notwendige Branchen-Knowhow verfügen. Dies wird damit begründet, dass diese aufgrund spezifischer Technologiekenntnisse und Projekterfahrung, z.B. durch Zusammenarbeit mit einer Vielzahl von Kunden, Skaleneffekte erzielen können und daher effizienter und kostengünstiger Lösungen auf Basis präziser Vorgaben implementieren können. Für den erfolgsentscheidenden Design-Prozess sollen interdisziplinäre Teams unter Einbindung von Partnern, agilen Projektmanagement-Prinzipien und Design-Thinking-Ansätzen sowie eine frühzeitige Involvierung der späteren Entwicklungspartner notwendig sein. Nichtvorhandenes Wissen könne durch Partnernetzwerke in Kollaboration erarbeitet werden, um integrierte und abgestimmte Lösungen zu entwickeln. Entwickler sollten möglichst frühzeitig in den Design-Prozess involviert werden, damit sie die mit der Lösung verfolgten Zielsetzungen verstehen. Bei agilen Projektmanagement- oder Softwareentwicklungs-Prinzipien, wie z.B. SCRUM, sei dies ohnehin unabdingbar, da hier Design und Realisierung überlappen (vgl. Urbach und Ahlemann 2016: 61-63).

Zuletzt wird die konzipierte IT-Lösung durch Anpassungen auf Seiten der Fachbereiche und der IT-Organisation in der Phase „Transform" (dt. „Transformieren") umgesetzt. Da neue Geschäftsmodelle gänzlich neue Organisationsstrukturen und -prozesse in den Bereichen Vertrieb, Service und Logistik erfordern könnten, seien Implementierungsprojekte oder -programme, Governance-Strukturen und Controlling-Systeme sowie ein umfangreiches Change-Management in den Fachbereichen erforderlich. Während die IT-Organisation sicherstelle, dass die IT-Lösung technisch realisiert wird, müsste zugleich die gesamte Unternehmensarchitektur berücksichtigt werden. D.h. eine möglichst nahtlose Integration in die bestehende IT-Infrastruktur- und Applikationslandschaft sollte angestrebt werden. Auch Anpassungen auf Betriebs-, Wartungs- und Support-Prozesse könnten notwendig sein, z.B. durch einen notwendigen bzw. anzupassenden Anforderungsmanagement-Prozess (Demand-Management), um neue Lösungen von der Kundenanfrage bis hin zur Übergabe an den Kunden vollumfänglich und integriert zu steuern. Neben einem Aufbau von spezifischen Kenntnissen und Fähigkeiten bei den Mitarbeitern durch Schulungs- und Weiterbildungsmaßnahmen, könne es notwendig sein, Governance-Strukturen zu verändern, damit das Management im Sinne der Geschäfts- oder Wertschöpfungsmodell-Innovation agieren kann. Rollen und Verantwortlichkeiten müssten für die angepassten Prozesse neu geprüft werden. Um den Fortschritt der Transformation sowie ihren Zielerreichungsgrad zu messen seien zudem Controlling-

Systeme bedeutsam, um z.B. mit Kennzahlen im Bereich des Demand-Managements die Länge von Prozessabschnitten oder die Kosten für Anforderungsumsetzungen zu ermitteln. Ein systematisches Veränderungsmanagement (Change-Management) würde notwendig sein, um Widerstände bei Mitarbeitern zu minimieren und reibungslose Umsetzungen zu realisieren. Da die Geschäftsprozesse eng mit den betroffenen Informationstechnologien verbunden seien, kann die IT-Organisation hier ebenfalls unterstützen (vgl. Urbach und Ahlemann 2016: 63 f.).

Urbach und Ahlemann denken nicht, dass auf die IT-Abteilung verzichtet werden kann. Jedoch würde sie auf eine Reihe von Aufgaben für eine effektive und effiziente IT-Wertschöpfung reduziert werden. Darunter zählen sie ein zentrales Unternehmensarchitekturmanagement, welches Architekturstandards und -prinzipien, Planungs- und Steuerungsprozesse sowie eine Architektur-Governance sicherstellt, sodass die Gesamtarchitektur zielgerichtet weiterentwickelt wird. Nur so könne das Risiko einer Komplexitätssteigerung in der IT-Architektur durch verschiedene Einzelaktivitäten im Demand- und Innovationsmanagement sowie diversen IT-Projekten in den Geschäftsbereichen und -abteilungen reduziert werden. Zudem müsse das lokale Demand- und Innovationsmanagement zentral überwacht und über ein zentrales Projektportfoliomanagement gesteuert werden, um potenzielle Synergien und Abhängigkeiten zwischen lokalen Aktivitäten zu erkennen und zu nutzen, z.B. bei identischen aber nicht kommunizierten Projekten in verschiedenen Unternehmensbereichen. Auch ein strategisches Lieferanten- und Supplier-Management sei zentral durchzuführen, um alle IT-relevanten Beschaffungs- und Kooperationsprozesse einer einheitlichen Strategie folgen zu lassen und konsistent abzuwickeln. Die fortlaufende Überwachung und operative Steuerung von Projekt- und Betriebsaktivitäten mit Lieferanten und Providern solle durch das IT-Controlling, das Projektcontrolling und das Service-Level-Management erfolgen. Auch das Risiko-, Compliance- und Sicherheitsmanagement gewinne an Bedeutung und solle sicherstellen, gesetzliche Auflagen an die IT-basierte Wertschöpfung zu erfüllen und wichtige Risiken auf die fortgesetzte Geschäftätigkeit zu erkennen, zu vermeiden oder zu mindern. Zuletzt solle eine IT-Governance Entscheidungsrechte und -pflichten, Kontroll- und Reporting-Prozesse sowie grundlegende Regeln im Hinblick auf IT-bezogene Management-Entscheidungen definieren. Urbach und Ahlemann sehen in diesen strategischen Aufgaben viele Schnittstellen zu anderen Unternehmensfunktionen, wie z.B. dem Unternehmenscontrolling (vgl. Urbach und Ahlemann 2016: 139 f.).

In Anlehnung an einige wissenschaftliche Studien folgern sie, dass die Digitalisierung, der Aufbau dezentraler IT-Funktionen, z.B. für das IT-Demand- und -Innovationsmanagement, sowie die Verkürzung der IT-Wertschöpfungskette eine organisatorische Verlagerung der zukünftigen IT-Funktionen in die Top-Führungsebene nahelegen. Nur so könnten zentrale Planungs- und Steuerungsfunktionen effektiv durchgeführt werden. Entweder würde die verbleibende IT-Funktion als Stabstelle an eine bestehende Vorstandsfunktion gebunden oder zu einem eigenen Vorstandsressort erhoben werden, z.B. dem „Chief Digital Officer" (CDO). Für die Transformation in Richtung einer neuen IT-Funktion in Vorstandsnähe unterscheiden Urbach und Ahlemann drei Reifegrade einer IT-Organisation, die zu überführen seien. (1) Die technische Delivery-Funktion als reiner Service-Provider mit wenig fachlichem Know-how konzentriere sich als erste Stufe auf die erfolgreiche Abwicklung von IT-Projekten und den reibungslosen IT-Betrieb, mit Schwerpunktsetzung auf operativen Funktionen wie das IT-Service-Management oder das IT-Projektmanagement. (2) Die kundenorientierte Service-Organisation als zweite Stufe setze Geschäftsverständnis, Beratungskompetenz und partnerschaftliche Zusammenarbeit mit Geschäftsfunktionen voraus, z.B. mit einem ausgeprägten Demand-Management, das viele Schnittstellen zu den IT-Kunden vorsieht und Kundenanforderungen durch fachliches Know-how gut in fachliche Lösungen überführen könne. (3) In der dritten Stufe werde die IT-Organisation zum Gestalter der digitalen Transformation, mit einer dauerhaft kreativen Zusammenarbeit zwischen Geschäfts- und IT-Funktionen, einem IT-Innovationsmanagement oder Co-Location-Konzepten und IT-Spezialisten, die sowohl Geschäftsanforderungen und -prozesse sowie Branchentrends und geschäftliches Potenzial von IT verstehen und kreativ neue Geschäftsmodelle, Produkte und Dienstleistungen mit den Fachbereichen erarbeiten können. Mit Stufe drei ließe sich die IT-Organisation am leichtesten zu einer strategischen Stabstelle oder zu einem eigenen Vorstandsressort entwickeln (vgl. Urbach und Ahlemann 2016: 141 f.). Beide Autoren stellen sich ebenfalls die Frage, wie der CIO der aktuellen Entwicklung begegnen kann. Dieser solle sich als kompetenter Ansprechpartner für das Thema Digitalisierung positionieren und aktiv den Dialog mit der Führungsebene suchen, z.B. zu Themen wie Geschäftsmodellen, -produkten und -dienstleistungen und der Rolle der IT-Organisation. Zudem solle ein CIO konsequent in Richtung erhöhter Kunden- und Innovationsorientierung gehen, indem er ein funktionierendes Demand- und Innovationsmanagement etabliert und Beratungs- und Business-Kompetenzen der IT-Mitarbeiter weiterentwickelt. Es bestünde ansonsten die Gefahr, dass er ohne proaktives Handeln paradoxerweise zum Opfer der digitalen Transformation wird, die er anleiten soll (vgl. Urbach und Ahlemann 2016: 143 f.).

4.5.5 Bimodale IT

Aufgrund der unterschiedlichen Anforderungen an eine moderne IT-Organisation, kommt der Begriff der „Bimodalen IT" auf. Geprägt wurde dieser

Begriff von Gartner, aber vor allem Urbach nutzt diesen Begriff als eine zentrale Anforderung an eine moderne IT-Organisation. Die bimodale IT bezeichnet die Zweiteilung der IT-Organisation in das Management von sicheren und in ihrem Verhalten vorhersagbaren Kernsystemen (Modus 1) und eher experimentellen, agilen und Kunden sowie Partnern zugewandten Applikationen (Modus 2). Modus 1 entspricht dabei einer traditionellen IT, welche Stabilität und Zuverlässigkeit zum Ziel hat, sich auf das System fokussiert, langfristig plant und plangetrieben arbeitet, lange Entwicklungszyklen aufweist und Entwicklung sowie Betrieb strikt trennt. Modus 2 hingegen beschreibt eine Agile IT mit dem Ziel der Innovation und Differenzierung, welche sich auf die Benutzer fokussiert, kurzfristig plant, iterativ und agil arbeitet, kurze Entwicklungszyklen aufweist und den Betrieb mit der Entwicklung integriert. Dieser Definition steht zum einen das Argument gegenüber, dass bimodale IT-Organisationen nicht benötigt werden, da diese als problembehaftet angesehen werden und vielmehr in ihrer Ganzheit transformiert werden sollten. Zum anderen werden multimodale Organisationsformen, also Formen mit noch mehr als zwei Modi, als weitergehende Ansätze diskutiert, wie etwa die trimodale IT. Auch wenn die bimodale IT stark durch praxisorientierte Beiträge geprägt ist, wurde die zentrale Idee von dualen IT Strukturen bereits in den 1970er Jahren thematisiert. Dabei dienten (1) organisationale Agilität und (2) (IT-) Ambidexterität als Grundlage sowie theoretische Fundierung für die Entwicklung von IT-Organisationsformen im digitalen Zeitalter. (1) Die organisationale Agilität bezeichnet die Reaktion auf veränderte Marktbedingungen, entweder durch Antizipation und Innovation oder durch Resilienz und spätere Anpassung. (2) Die IT-Ambidexterität überträgt diese grundlegenden Konzepte organisationaler Agilität auf die IT-Organisation und unterscheidet zwischen Exploitation, also Effizienz bzw. Modus 1 der bimodalen IT, und Exploration, also Innovation bzw. Modus 2 der bimodalen IT, welche in Kombination organisationale Agilität fördern sollen. Urbach meint, auch wenn die technologischen Treiber der digitalen Transformation als neue Phänomene angesehen werden könnten, so sei die zugrundeliegende Dichotomie von Innovation und Effizienz als analog anzusehen (vgl. Urbach 2017).

4.5.6 Agile Softwareentwicklung und IT-Konsumerisierung

Laut Urbach und Ahlemann werden in vielen Unternehmen die Softwareentwicklungsprozesse nach dem tradierten Wasserfallmodell organisiert. Die minimalen Rückkopplungsmöglichkeiten zwischen den sequenziellen Entwicklungsphasen bei diesem Modell, also von Anforderungsaufnahmen über die fachliche und technische Konzeption hin zur Implementierung und dem Test bis zum Go-Live, würden die Nutzerbedürfnisse und -akzeptanz zu wenig beachten und sich stattdessen zu sehr auf Technologie und Funktion fokussieren. Das zeige sich

auch an der geringen Frequenz von Updates, welche neben technischen Überar-
beitungen eigentlich auch zusätzliche Kundenwünsche umsetzen sollten. Zusätzlich würden Anwender durch eigene Erfahrungen im privaten Anwendungsbe-
reich, z.B. durch Social Media, immer intoleranter gegenüber schlechter Bedienbarkeit von Softwaresystemen, weshalb das User-Interface-Design und die Zufriedenheit der Nutzer zu einer wettbewerbsdifferenzierenden Tätigkeit werden
würde. Dies wird auch als IT-Konsumerisierung bezeichnet. Um den Anforderungen der Digitalisierung und den Digital Natives zu begegnen, sei es daher
sinnvoll, sich an der Entwicklung von konsumentenorientierten Softwareproduk-
ten zu orientieren. Diese richte sich vornehmlich nach agilen Vorgehensweisen
zur Entwicklung einer sogenannten „Lightweight-IT", worunter Urbach und
Ahlemann frontenddominierte und Endkunden-orientierte Systeme verstehen.
Die Hauptidee der agilen Ansätze bestünde darin, ein erstes Deployment von
zunächst rudimentären Lösungen frühzeitig bereitzustellen und diese dann iterativ unter Einbezug des User-Feedbacks weiterzuentwickeln. Der Benutzer würde
somit stärker in den Vordergrund der Entwicklungsaktivität gestellt, weshalb
Softwareentwicklung und -betrieb immer weiter verschmelzen (vgl. Urbach und
Ahlemann 2016: 89 f.). Die Akzeptanz und der Erfolg von IT-Systemen würde
hierbei laut einiger Studien im signifikanten Ausmaß vom sogenannten „Hedonic
Value" (dt. „hedonistischer Wert"), also dem beigemessenen Spaß während der
Nutzung, beeinflusst werden. Dies bestätige ebenfalls, dass einfache Bedienkon-
zepte und qualitativ hochwertige Benutzungsoberflächen in den Vordergrund
treten (vgl. Urbach und Ahlemann 2016: 94). Auch Konzepte wie „Gamificati-
on", also die Integration von spieltypischen Elementen wie Bestenlisten (engl.
„Highscore List"), Erfahrungspunkten oder Auszeichnungen in einem spielfrem-
den Kontext, würden in diesem Kontext zur Motivationssteigerung für die
Durchführung von ansonsten als monoton und wenig anspruchsvoll angesehenen
Tätigkeiten an Bedeutung gewinnen (vgl. Urbach und Ahlemann 2016: 95 f.).
Das Wasserfallmodell gleiche dem ebenfalls verbreiteten und linearen, also nicht
iterativen, Projektmanagement. Beide hätten vordefinierte Start- und Endpunkte
für die einzelnen Phasen und eindeutig definierte Ergebnisse. Die Rückkopplungsmöglichkeiten zwischen den Phasen sei stets sehr eingeschränkt. Gründe
für die Dominanz beider Modelle sei die klare Abgrenzbarkeit zwischen den
verschiedenen Phasen, was eine Arbeitsteilung in Projekten erlaube und welche
insbesondere bei großen Entwicklungsvorhaben essenziell sei. Zudem seien
beide Modelle aufgrund ihrer Einfachheit leicht zu steuern und zu kommunizieren. Wenn Anforderungen und Budgetrahmen über die Laufzeit des Projekts
stabil bleiben, seien beide Modelle äußerst effizient, z.B. bei reiner Technologie-
und Funktionsorientierung. Auch wenn fachliche Anforderungen sowie typische
nichtfunktionale Anforderungen wie Zuverlässigkeit, Leistung und Effizienz

erfüllt werden können, so würden die Ergebnisse dieser Methoden oft über ein wenig modernes User-Interface-Design verfügen, da Programmierer die UI-Entwicklung lediglich nebenbei implementieren (vgl. Urbach und Ahlemann 2016: 90 f.). Kern der agilen Softwareentwicklung sei gemäß Beck, einem führenden Denker der agilen Softwaremethoden, das Lösen einer Programmieraufgabe und ein weniger formalisiertes Vorgehen. Im Jahre 2001 wurden im „agilen Manifest" durch 17 renommierte Softwareentwickler vier Leitsätze erarbeitet. Diese lauten: (1) Individuen und Interaktionen sind wichtiger als Prozesse und Werkzeuge, (2) Funktionierende Software hat Vorrang vor umfassender Dokumentation, (3) Zusammenarbeit mit den Kunden ist wichtiger als Vertragsverhandlungen sowie (4) Reagieren auf Veränderung geht vor Befolgen eines Plans. Zudem werden Prinzipien zur Operationalisierung dieser vier zentralen Werte vorgeschlagen, z.B. eine frühe und kontinuierliche Auslieferung von Software, die enge Zusammenarbeit von Fachbereichen und Softwareentwicklern, motivationsfördernde Maßnahmen, Augenmerk auf technische Exzellenz sowie sich selbstorganisierende Teams (vgl. Urbach und Ahlemann 2016: 92 f.). Iterative, inkrementelle Vorgehensweisen, wie bei der agilen Softwareentwicklung, benötigen keine vollständige ex-ante Spezifikation. Stattdessen wird das Entwicklungsprojekt im Rahmen der Projektplanung in mehrere zeitliche Etappen unterteilt, an deren Enden jeweils ein Produktinkrement steht, d.h. ein voll funktionsfähiges Zwischenprodukt. Dies ähnelt übrigens dem Minimum Viable Product (MVP) aus der Lean Startup Idee. Mit diesem Produktinkrement wird ein Feedback vom Auftraggeber für die darauffolgende Entwicklungsphase eingeholt. Diese Vorgehensweise ließe sich auf den Konsumentenbereich übertragen. Durch kontinuierliche Updates würde die Funktionalität dann sukzessiv erweitert und an die Benutzerbedürfnisse angepasst werden (vgl. Urbach und Ahlemann 2016: 92). Durch sogenannte A/B-Tests, also einer gleichzeitigen Gegenüberstellung von alternativen Implementationsansätzen, ließe sich dieses Inkrement während des Betriebs in Echtzeit auf Nutzerakzeptanz prüfen und innerhalb weniger Tage umsetzen (vgl. Urbach und Ahlemann 2016: 94 f.). Agile Ansätze seien generell nicht beliebig skalierbar und daher tendenziell eher für kleinere, eng umrissene Vorhaben geeignet, wie z.B. der „Lightweight-IT", welche sich primär in Form von innovativen „Gadgets" und als Grundlage neuer Geschäftsmodelle an den Endkunden und/oder Konsumenten orientiert. Traditionelle Vorgehensmodelle seien für die „Heavyweight-IT" vorzuziehen, also backenddominierte Systeme mit hoher Komplexität, die als unternehmenskritische Infrastruktur angesehen werden können. Hier seien Stabilität und Sicherheit wesentlich bedeutsamer als Innovation und Bedienungsfreundlichkeit (vgl. Urbach und Ahlemann 2016: 93 f.).

Neue Kundenwünsche und Innovationen schnell aufzugreifen und dabei gleichzeitig einen leistungsstarken und stabilen IT-Betrieb zu gewährleisten sei eine zentrale Herausforderung für die IT-Organisation in der Digitalisierung. Die Verschmelzung von Entwicklung und Betriebs könne durch sogenannte „DevOps" eine Lösung für diese Herausforderung sein. Wie der Name schon sagt, ist die Aufgabe der DevOps eine enge Zusammenarbeit und Abstimmung von Prozessen der Entwicklung (engl. „Development") und des Betriebs (engl. „Operations") herzustellen. Somit ließen sich agile Methoden auf den IT-Betrieb übertragen und mit der Softwareentwicklung verbinden, was das Risiko von ungetesteten Elementen in der Produktion minimieren könne, da dieselben Verfahren im gesamten Software-Lebenszyklus identisch und nahtlos eingesetzt werden. Urbach und Ahlemann definieren den Begriff gemäß Humble, einem Pionier der DevOps-Bewegung, mit fünf Grundprinzipien: (1) Culture, also einer kulturellen Basis in vertrauensvoller Zusammenarbeit zwischen Entwicklern, Testern und Administratoren mit stetigem Informationsfluss sowie anhaltender Bereitschaft zum Lernen, (2) Automation, d.h. Automatisierung von Arbeitsvorgängen, (3) Lean, also einer schlanken Umsetzung durch Vermeidung von Verschwendung, das Schaffen von Transparenz sowie eine Ganzheitlichkeit der Prozessoptimierung, (4) Measurement, also eine Definition von Messkriterien zur durchgängigen Sicherung von Qualität der Umsetzungen, mit kontinuierlichen Verbesserungsmaßnahmen, einer Überwachung der gesamten Applikation und ihrer Komponenten sowie der dahinterliegenden Prozesse und (5) Sharing, also die Bereitschaft, Wissen zu teilen, voneinander zu lernen und Erkenntnisse proaktiv mitzuteilen für eine effektive und effiziente DevOps-Umsetzung. Auch die DevOps eignen sich mehr für die „Lightweight-IT" als die „Heavyweight-IT" (vgl. Urbach und Ahlemann 2016: 96 f.).

Die bimodale IT, bzw. die „IT der zwei Geschwindigkeiten", sieht eine vorhersagbare, lineare, sicherheitsorientierte „schwere IT" im „Modus 1" und eine experimentelle, agile, dynamische „schnelle IT" im „Modus 2" vor. Dies decke sich mit den Unterscheidungen der „Heavyweight" und der „Lightweight" IT. Nachdem Strukturen, Prozesse, Methoden und Werkzeuge sowie der kulturelle Wandel durch die Entwicklung von Bereitschaft, Engagement und Fähigkeiten auf Seiten der Mitarbeiter als Kompetenzen aufgebaut wurden, bestünde die Aufgabe des IT-Managements darin, das Anwendungsportfolio entsprechend der Unterscheidung in „Heavyweight", z.B. backend-orientiert, und „Lightweight", z.B. frontend-orientiert, zu klassifizieren. Die Unterscheidung müsse dann entsprechend für das Architekturmanagement berücksichtigt werden. Modus 2 eigne sich für kunden- und geschäftsgetriebene digitale Transformationsprojekte und disruptive IT-Lösungen mit hoher Priorität sowie hohem Geschwindigkeitsanspruch, während Modus 1 sich an Kernsysteme mit klar definierten Anforderungen und dem Fokus auf Stabilität und Zuverlässigkeit richte. Urbach und Ahlemann schließen die Argumentation damit, dass Modus 1 dem tradierten Paradigma Plan-Build-Run folgt, während Modus 2 dem vorgeschlagenen Paradigma Innovate-Design-Transform nachginge. Insgesamt sehen Urbach und Ahlemann die bimodale IT lediglich als Übergangslösung für die ersten Jahre der digitalen Transformation. Eine engere Verzahnung von Fach- und IT-Bereichen, eine sehr viel weitergehende Verlagerung des IT-Betriebs in die Cloud sowie eine Auflösung der IT-Organisation in seiner heutigen Aufstellung seien langfristige Folgen der Digitalisierung (vgl. Urbach und Ahlemann 2016: 97-99).

4.5.7 Schatten-IT

In Unternehmen werden laut Urbach und Ahlemann die meisten IT-Projekte durch die Fachbereiche initiiert, während die IT-Organisation diese reaktiv umsetzt. Die langsamen Abstimmungs- und Umsetzungsprozesse sowie die langen Entwicklungszyklen brächten oftmals wenig innovative oder disruptive IT-Lösungen hervor, was der IT-Organisation den Ruf als trägen Dienstleister einbringe. Durch den Veränderungsdruck der digitalen Transformation sowie Sourcing-Möglichkeiten über Social Media und Cloud-Computing, bzw. durch die IT-Konsumerisierung im Allgemeinen, seien diese Lösungen zur individuellen Datenverarbeitungen ohne Einbindung der IT-Organisation in Fachabteilungen beliebter geworden (vgl. Urbach und Ahlemann 2016: 67). Zudem könne mittlerweile das Management von IT-Infrastrukturen, die Entwicklung neuer Software sowie der IT-Betrieb vergleichsweise unkompliziert spezialisierten Anbietern überlassen werden, welche notwendige Kompetenzen vorhalten und Skaleneffekte realisieren können (vgl. Urbach und Ahlemann 2016: 68 f.). Diese IT-Lösungen sind für die IT-Organisation hinsichtlich Compliance-, Security- und Architekturanforderungen problematisch. Das Aufkommen von solchen inoffiziellen, also nicht von der IT-Organisation bereitgestellten, IT-Lösungen und Informationssystemen in Fachabteilungen einiger Unternehmen wird in der Literatur als negativ konnotierte „Schatten-IT" bezeichnet. Urbach und Ahlemann schlagen vor, dass das IT-Management Richtlinien gestaltet, die einerseits agiles und innovatives Verhalten auf der Fachseite beibehalten, gleichzeitig aber den Anforderungen an Compliance und Sicherheit entgegenkommen (vgl. Urbach und Ahlemann 2016: 5). Insgesamt müssten IT-Innovation jedoch dort entstehen, wo sie später auch zum Einsatz kommen, nämlich in den Fachabteilungen. „offizielle Schatten-IT" zur gelebten Praxis. Da die eingesetzten Schatten-IT-Lösungen weder technisch noch strategisch in das IT-Service-Management der Organisation eingebunden werden, entstehen sowohl technologische, als auch prozessbezogene Risiken sowie Geschäfts- und Führungsrisiken (vgl. Urbach und Ahlemann 2016: 69). So könne der interne IT-Support bei aufkommenden

Problemen nicht weiterhelfen und auch keine Sicherheit garantieren. Doch durch
die hohe IT-Innovationsrate, ohne langwierige Entscheidungs- und Umsetzungsprozesse der Unternehmens-IT, und die hohe Nutzerakzeptanz sowie Aufga-
benorientierung für interne Prozesse der Fachbereiche, würden Schatten-IT-
Lösungen auch bezüglich ihrer Chancen diskutiert. Außerhalb des Störfalls führen sie zu einer höheren Zufriedenheit mit der allgemeinen IT-Unterstützung,
jedoch nicht zwangsläufig mit der IT-Organisation. Zudem seien viele Fachbereiche ohnehin einflussreicher und könnten sich über die Auflagen der IT-
Organisation ohne deren Wissen hinwegsetzen, was ein Verbot der Schatten-IT
unmöglich mache. Das IT-Management muss laut Urbach und Ahlemann daher
den Spagat zwischen Flexibilität und Kontrolle bewerkstelligen, um eine tragba-
re Lösung für das eigene Unternehmen zu finden. Die Schatten-IT solle aus dem
verborgenen Bereich geholt und kontrolliert genehmigt werden, um die negativen Effekte zwar zu minimieren, aber auch möglichst viele ihrer positiven Effekte zu realisieren, wie z.B. das innovative Verhalten der Fachbereiche (vgl. Urbach und Ahlemann 2016: 70 f.). Die Schatten-IT trete durch die Trennung von
IT und Betrieb auf. Diese Trennung war bis zum Zeitalter der IT-
Industrialisierung sinnvoll, da die IT-Organisation im hohen Maße technikorien-
tiert und spezialisiert war. Zudem gab es durch formalisierte Schnittstellen wenig
Berührungspunkte mit den Fachbereichen. Durch das wachsende IT-Know-how
in Fachbereichen sowie die Verbreitung von IT durch die Digitalisierung als
integralen Bestandteil von Prozessen der Fachseite, würde die Schatten-IT mittlerweile durch die Anwender selbst vorangetrieben werden. Dies ermögliche
applikationsbezogene IT-Fachexperten in den Fachbereichen, welche vor Ort
gemeinsam mit den Anwendern zusammenarbeiten. Das wiederum verschmelze
IT und Betrieb durch eine enge Zusammenarbeit am Ort der IT-Nutzung. Hier
würden interdisziplinäre Teams die Entwicklung von IT-Systemen sowie IT-
basierten Produkten und Dienstleistungen übernehmen, was auch die nachgela-
gerte Anwendungsbetreuung und -weiterentwicklung betreffe. Lediglich Ba-
sisinfrastrukturdienste würden noch durch die klassische IT-Organisation betrieben werden. Die enge Verzahnung von IT und Betrieb ermögliche der IT-
Organisation eine Rolle als IT-Innovator, wo sie unter dem Einbezug agiler
Softwareentwicklungsmethoden und mit klarer Endbenutzerfokussierung innovative IT-Lösungen hervorbringen könne. Um diese Chance zu nutzen müssten die
mit der Digitalisierung verbundenen Sicherheitsrisiken beherrscht, flexible und
transformierbare IT-Landschaften entwickelt sowie geeignete Führungsstruktu-
ren etabliert werden (vgl. Urbach und Ahlemann 2016: 71 f.). Als Transitions-
modell sprechen Urbach und Ahlemann die Organisationsform der „Co-
Location" an. Hier sind IT-Mitarbeiter in den internen Fachbereichen involviert,
bleiben aber disziplinarisch der IT-Organisation zugeordnet. Somit nehmen sie

die Rollen des Demand Managers, fachlichen Applikationsverantwortlichen, Architekten, Business-Analysten und teilweise auch als Softwareentwickler in agilen Projekten direkt auf der Fachseite ein. Durch das verbesserte Demand-Management und Requirements-Engineering erreiche sich ein verbessertes Business-IT-Alignment in den Projekten. Die IT-Mitarbeiter erhielten einen guten Einblick in die Abläufe der Fachbereiche und verstünden somit besser die Anforderungen und Bedürfnisse. Falls die IT-Mitarbeiter jedoch auch disziplinarisch in den Fachbereich wechseln sollten, könnte die IT-Abteilung entsprechendes Prozess-Know-how verlieren (vgl. Urbach und Ahlemann 2016: 74). Um der Schatten-IT konsequent entgegenzuwirken, aber zugleich ihre Chancen zu nutzen, schlagen Urbach und Ahlemann also die „offizielle Schatten-IT" vor, indem Abteilungsgrenzen aufgelöst und ein zentrales Vorstandsressort für die Digitalisierung etabliert wird, welches sich auf die Führungs- und Steuerungsaufgaben konzentriert (vgl. Urbach und Ahlemann 2016: 72-74).

4.5.8 IT-Sourcing und Kosteneffizienz

Das IT-Outsourcing oder IT-Sourcing bedeutet die Übergabe von allen oder Teilen der technischen und menschlichen Ressourcen sowie der Verantwortlichkeiten hinsichtlich der Bereitstellung von IT-Dienstleistungen an einen externen Anbieter im Rahmen von vertraglichen Vereinbarungen. Hierbei wird je nach strategischem Ziel des IT-Managements beabsichtigt, (1) ökonomische, (2) qualitative und (3) technologische Nutzenpotenziale zu untergliedern. (1) Ökonomische Nutzenpotenziale konzentrieren sich auf die Kostensenkung in der Leistungserbringung insbesondere durch Nutzbarmachung von Expertise und Skaleneffekten des externen Dienstleisters sowie eine finanzielle Flexibilisierung der IT-Kosten, indem Fixkosten der internen IT in volumenabhängige, variable Kosten aufseiten des Dienstleisters umgewandelt werden. (2) Die qualitativen Nutzenpotenziale beziehen sich meist auf eine Erhöhung der Servicequalität, durch den Zugang zu gut ausgebildeten Mitarbeitern sowie durch die Implementierung professioneller Prozesse im IT-Service-Management. (3) Die technologischen Nutzenpotenziale zielen auf die Nutzbarmachung moderner Technologien ohne entsprechende Investitionen ab, die einer technologischen Veralterung aufgrund von dynamischen Veränderungen im IT-Umfeld entgegenwirken sollen (vgl. Urbach und Ahlemann 2016: 78). Für Urbach und Ahlemann ist den Nutzenpotenzialen des IT-Sourcings eine Steigerung der Transaktionskosten, vor allem durch die erforderliche Dienstleistersteuerung, ein Verlust an Flexibilität sowie konfliktäre Ziele des Dienstleisters und der auslagernden Organisation gegenüberzustellen. Als Spezialfall des IT-Outsourcings könne die mit dem Cloud-Computing verbundene Nutzung standardisierter externer IT-Services verstanden werden, welche dynamisch, je nach Angebot und Nachfrage, abgerufen werden könne. Dies füge eine Variabilisierung der Kosten sowie einen geringeren „Vendor-Lock-In" als weitere Vorteile zum IT-Sourcing hinzu. Der „Vendor Lock-In" oder „Lock-In"-Effekt bedeutet, dass der Anbieter eines Produkts oder einer Dienstleistung durch Umstellungskosten (engl. „switching costs") nicht einfach gewechselt werden kann. Durch hochgradig standardisierte, homogene und einfache Dienste, wie z.B. der Datenspeicherung (engl. „Storage"), ist ein Lock-In-Effekt beim Cloud-Computing nicht mehr so stark der Fall, da Anbieter einfacher gewechselt werden können. Vor allem für „Commodity IT", also nicht differenzierende Teile der IT-Wertschöpfungskette, eigne sich Cloud-Computing und allgemein das IT-Outsourcing gut, da externe Dienstleister über mehr Kompetenz verfügen, kostengünstiger arbeiten, Risiken besser beherrschen und eine Konzentration auf die eigentlichen strategischen Themen erlauben (vgl. Urbach und Ahlemann 2016: 79 f.). Auch Kalinowski und Verwaayen erkannten dieses Potenzial bereits im Jahre 2013 (vgl. Kalinowski und Verwaayen 2013: 492). Hierzu zählen beispielsweise Netzwerke, Speicherdienste, Rechenkapazitäten, Datenbankdienste, virtuelle Computer, grundlegende Big-Data-Dienste oder Verzeichnisdienste. Hinzu kommen Anwendungssysteme, die ebenfalls weitgehend unabhängig von spezifischen Geschäftsprozessen und -modellen sind und zudem oft ohne besondere Konfiguration oder Systemintegrationserfordernisse genutzt werden können, wie z.B. E-Mail-Systeme, Unified-Messaging-Lösungen sowie Groupware- und Kollaborationsplattformen. Systeme mit Lock-In-Effekten oder Individualprogrammierungen könnten aber auch bei zunehmender Standardisierung von Geschäftsprozessen nicht leicht ausgetauscht werden, da diese meist aus politischen und historischen Gründen betrieben werden. Hier sehen Urbach und Ahlemann, dass Bereiche mit entsprechender Standardisierung vielmehr durch Geschäftsprozess-Outsourcing eine Lösung bieten könnten. Jedoch verteidigten Unternehmen ihre Wettbewerbsvorteile auch durch effiziente, flexible oder besonders kundenorientierte Geschäftsprozesse, welche sich nicht standardisieren lassen sollen, da eine Standardisierung diese Vorteile angeblich verhindern könne (vgl. Urbach und Ahlemann 2016: 101 f.). Das Konzept des IT-Outsourcings lässt sich auf das ITIL-Konzept der Underpinning-Contracts übertragen, in welchem externe Dienstleister oder Lieferanten für einen IT-Service an den Endkunden eingegliedert werden. Zudem lässt sich dieses Prinzip auf strategische Projekte der Digitalisierung durch das vorgestellte Partner-Management übertragen, bzw. durch Partnernetzwerke, Clusterinitativen und dem Partner-Portfoliomanagement. Durch die hohen Anforderungen neuer Technologietrends werde das Partner-Management und das damit verbundene IT-Outsourcing notwendig, da nur spezialisierte Technologieanbieter die benötigte Expertise vorhalten können. Der interne Aufbau für entsprechendes Wissen und Fähigkeiten sei zu riskant und zeitaufwendig, vor allem weil nicht sichergestellt werden könne, dass die notwendige Expertise überhaupt geschaffen werden kann und Forschungs- sowie Entwicklungsaktivitäten mehrere Personenjahre an Arbeit nach sich ziehen können. In Partnerschaften oder sogar Netzwerken könnten beteiligte Unternehmen ihr individuelles Know-how einbringen und gemeinsam Innovationen realisieren, wie z.B. Marktzugänge, tiefergehendes Kundenverständnis, Produktideen und Implementierungsfähigkeiten (vgl. Urbach und Ahlemann 2016: 80 f.). Unter dem Partner-Management seien auch Themen wie geistiges Eigentum (engl. „Intellectual Property") in Partnerschaften zu definieren und Konzepte wie „Coopetition" zu thematisieren. Bei der Coopetition können Unternehmen in einem Marktsegment miteinander als Partner kooperieren (engl. „cooperate" oder „cooperation"), während sie in einem anderen Marktsegment gegeneinander antreten (eng. „compete" oder „competition"). Aus der Komplexität der Partner-Beziehungen ergebe sich die Notwendigkeit, Partnerschaften sorgfältig zu planen, sie nachhaltig zu pflegen und vor allem auch systematisch zu steuern (vgl. Urbach und Ahlemann 2016: 82). Das Partner-Management für Innovationen sei jedoch nicht durch Einkaufsabteilungen zu steuern, welche versuchen, Beschaffungskonditionen in Hinblick auf Kosten, Qualität und Zeit zu optimieren. Vielmehr bedürfe es hier eines guten Verständnisses der jeweils anderen Seite, des Aufbaues nachhaltigen Vertrauens, des Abbaus von Konfliktpunkten sowie der Entwicklung einer Vision und gemeinsam geteilter strategischer Ziele. Diese seien eng mit dem Demand und Innovationsmanagement zu verbinden. Deshalb müsse systematisch nach geeigneten Partnern gesucht (engl. „Partner Scouting") und deren Eignung gründlich geprüft werden. Dies umfasse z.B. die Erfahrung des potenziellen Partners mit der eigenen Branche, die Kompatibilität der Anreiz- und Governance-Systeme, die strategische Bedeutung der Zusammenarbeit für den potenziellen Partner oder Passung der Technologiekompetenz sowie die grundsätzliche Kooperationsbereitschaft. Aufgrund des nötigen Kulturwandels in Organisationen befürchten Urbach und Ahlemann jedoch, dass langfristige Unternehmensziele mit (potenziellen) Partnern in vielen Unternehmen noch nicht praktizierbar sind (vgl. Urbach und Ahlemann 2016: 82 f.). Erforderliche Prozesse, Strukturen, Rollen und Verantwortlichkeiten können jedoch durch ITSM-Prozesse, wie dem IT-Demand-Management, dem Supplier-Management und dem Change-Management, bereits vorgegeben werden. Das Service-Design müsse um das IT-Innovationsmanagement erweitert werden. Zudem müsse das Supplier-Management zu einem Partner-Management gehoben werden, wo Partner Scouting und Technology Scouting in einem Partner-Portfoliomanagement zu einem kontinuierlichen Prozess gemacht werden. So würde eine systematische und übergreifende Steuerung der Partnerschaften möglich. Wesentlich für Innovationspartnerschaften seien tragfähige Vertragswerke bzw. Vertragsrahmenwerke, die an jeweilige Partnerschaften angepasst werden, um entsprechende Entwicklungsaufwände möglichst gering zu halten. Solche Vertragsrahmenwerke müssten alle kritischen Elemente der Zusammenarbeit wie geistiges Eigentum, Verwertungsrechte und Gewinnaufteilung enthalten. Die permanente Kommunikation mit dem Partner erfordere ein dediziertes Beziehungsmanagement sowie klare Governance, welche die Zuständigkeiten für die Art von Kommunikation mit den Innovationspartnern regele. Im Unternehmen müsse auch der Wandel durch ein entsprechendes Change-Management begleitet werden, welches die Sinnhaftigkeit der Veränderung überzeugend vermittele und Mitarbeiter bewege, konstruktiv und engagiert am Projekt zu arbeiten. Diese neuen Prozesse und Strukturen seien im IT-Innovationsmanagement oder einer Business-Development-Funktion neu zu schaffen (vgl. Urbach und Ahlemann 2016: 83-85). Weitere Anforderungen seien die Überwachung von zugesicherten Service-Levels, das Screening des Marktes und der Preisentwicklung sowie das langfristige Management des Provider-Portfolios. Mit entsprechend definierten, erprobten und institutionalisierten Prozessen, Strukturen, Regelungen und Zuständigkeiten könnten die mit dem externen Leistungsbezug verbundenen Risiken deutlich minimiert werden (vgl. Urbach und Ahlemann 2016: 112).

5 ITSM in der Digitalisierung

Nachdem die Digitalisierung, ihre Technologien und ihre Auswirkungen auf die Geschäftswelt definiert wurden und ein Ausblick auf aktuelle Anforderungen an das Management gestellt wurde, wird diese Arbeit untersuchen, wie sich das IT-Service-Management in der Digitalisierung verhält. Dazu wird eine Reihe von Forschungsergebnissen präsentiert. Anhand der Hypothesen dieser Untersuchung stellt sich die Frage, ob das ITSM durch die Digitalisierung noch relevant bleibt und falls dem so ist, ob sie in Wechselwirkung zueinanderstehen. Während sich das ITSM mehr den IT-Prozessen widmet und definiert, wie eine IT-Organisation funktionieren soll, richtet sich die Digitalisierung zunächst an Geschäftsprozesse und -modelle. Jedoch zeigten viele Autoren auf, dass die Veränderungen in Geschäftsprozessen und -modellen durchaus einen Effekt auf die IT-Organisation, ihre Prozesse und allgemein auf das ITSM haben. Auch das ITSM wurde erweitert, z.B. um das Demand-Management, welches auch in der Digitalisierung laut vielen Autoren eine entscheidende Rolle spielen soll.

5.1 ITSM im digitalen Unternehmen

Laut IDG und Kenfield von dem Unternehmen KPMG ist die digitale Transformation auf der Agenda jedes CIOs an höchster Stelle. Jedoch zwinge das zunehmende Maß an Komplexität, welches die schnelllebige, cloudbasierte, digitale Welt begleitet, einen Rückgang zu den Grundlagen. Damit sei eine solide, modernisierte ITSM-Strategie gemeint, um sicherzustellen, dass die digitale Transformation auch mit operativer Exzellenz, Kundenzufriedenheit und IT-Agilität einherginge. Das ITSM in Form von ITIL habe sich parallel zu der digitalen Transformation weiterentwickelt und sei entsprechend ebenfalls komplexer geworden. Dabei bleibe eine solide ITSM-Strategie für Organisationen sehr wichtig, um in der digitalen Transformation erfolgreich zu sein. Denn ohne diese könnten Unternehmen nicht sicherstellen, dass ihre Kunden auch zufrieden sind, selbst wenn sie sich digital aufstellen. Aufgrund des Wandels von Services, ob durch Komplexität oder durch schnelllebige Änderungen in Applikationen, Daten und Zugängen, könnte es immer schwerer werden diese zu managen. Daher sei ein Strategiewechsel notwendig. Das betreffe auch Organisationen, welche in der Vergangenheit mit einem hohen Reifegrad des ITSM assoziiert wurden, da sich ihre angebotenen Services verändern. Hinzu kämen schnellere, agilere Entwicklungen und höheren Kundenerwartungen an ebendiese Services. So seien die Kundenerwartungen von vor fünf Jahren sehr weit von den heutigen entfernt.

© Springer Fachmedien Wiesbaden GmbH, ein Teil von Springer Nature 2019
N. Mitrakis, *Die Ausrichtung des IT-Service-Managements auf die Digitalisierung*,
https://doi.org/10.1007/978-3-658-25380-6_5

Obwohl sich das Management dieser Services anpassen und verändern müsse, hätten nur wenige der Klienten von KPMG diese Veränderung erreichen können. Als Lösung hierfür nennt Kenfield vier kritische Fähigkeiten, die seiner Meinung nach für ein erfolgreiches Service-Management aktuell notwendig seien. (1) Es soll sichergestellt sein, dass das Service-Management eine angemessene Größe für die Organisation besitzt. Während Herausforderungen mit Menschen, Prozessen und Technologien als Grundlage für eine Entwicklung von Fähigkeiten im Service-Management gelten sollen, sei es am wichtigsten, den Umfang des Service-Managements an die Organisationsgröße und das Umfeld anzupassen. (2) Der organisatorische Wandel sei zudem entscheidend. Die Organisationskultur müsse gewillt sein, die richtigen Fähigkeiten, Prozesse und Metriken aus dem Service-Management anzunehmen und zu verändern. Das Ziel sei es, die organisatorischen Gruppen an einem einzigen Ende zusammenzuführen, nämlich der Lieferung von qualitativen Services. (3) Es sollen die richtigen Werkzeuge eingesetzt werden, um ITSM zu automatisieren. Eine cloudbasierte Automatisierungs-Plattform der nächsten Generation könne Organisationen helfen, ITSM bezüglich Effizienz, Transparenz und Effektivität zu verbessern. Dabei seien gut definierte Prozesse die Grundlage, jedoch zugleich nur wirklich effektiv mit einer gut umgesetzten ITSM-Plattform. Viele Organisationen seien gelähmt durch ihre ITSM-Tools, da selbst gut definierte Prozesse schwer ausführbar werden würden, wenn die Automatisierung und Daten unzureichend sind. (4) ITSM soll nicht als ein Projekt, sondern als eine konstante Roadmap für das gesamte Unternehmen verstanden werden. Somit soll kein Endpunkt definiert werden, mit welchem die Prozesse und Fortschritte für abgeschlossen erklärt werden. Der Fortschritt sollte kontinuierlich und zeitnah erfolgen sowie gemessen werden (vgl. IDG 2016). Damit schließen sich IDG und Kenfield den ausgeführten Anforderungen an Plattformen und agilen Methodiken an. Sie setzen ITSM als Basis für die erfolgreiche digitale Transformation voraus. Kenfield fügt im Jahr 2017 hinzu, dass die Zukunft des Service-Managements eine Transformation der IT versteht. ITSM habe mehrere Evolutionswellen erlebt, darunter auch die Einführung von Prozess-Frameworks wie ITIL. Die aktuelle Welle zeige Organisationen auf, dass das Service-Management mehr als nur eine Sammlung von Prozess-Frameworks sei. Für Kenfield sei das Service-Management als eine Disziplin zu verstehen, welche einen Wandel der gesamten Organisation mit sich zieht. Das wäre auch erkennbar daran, dass die meisten IT-Organisationen lediglich Teile des Service-Management-Prozess-Frameworks umsetzen und sich deshalb nicht dort sehen würden, wo sie hingelangen wollten. Die neue Welle verlange, die Praktiken, Fähigkeiten und Disziplinen als konstanten Teil der Organisation umzusetzen, statt als Framework-Projekt zu implementieren. Durch die digitale Transformation müssten Organisationen ihr

ITSM entsprechend überarbeiten und es auf andere Geschäftsbereiche erweitern, wie z.B. Human-Resources-Management (dt. „Personalwesen", auch „HR"), Finanzen und Rechtsabteilungen. Dabei seien manche Prozesse stets besser entwickelt als andere. Im Fokus stünden aber die Automatisierung und die Simplifizierung von Prozessen und die Unternehmens-Governance. Firmen, die wesentlich reifere ITSM-Transformationen umgesetzt haben sollen, implementierten ein „ITSM Center of Excellence", welches permanente Governance-Fähigkeiten beinhalten soll. Somit könnten Prozesse, neue Services und Portfolios sowie Servicestrukturen einfacher geändert werden. Das Service-Management hätte bereits eine solche Bedeutung gewonnen, dass es sogar Vizepräsidenten des Service-Managements geben soll. Dieser Trend würde auf IT-Organisationen zukommen, genauso wie zuvor für Führungspositionen in Compliance und IT-Sicherheit. Um die IT-Organisationen besser in der digitalen Transformation zu positionieren und ihre Fähigkeiten zu erweitern, bedürfe es jedoch eine unternehmensweite Führung und fortlaufende Service-Management-Strategie, die stetig analysiert und misst (vgl. Kenfield 2017).

Auch laut Moreno dient das ITSM nicht mehr lediglich als Zusammenstellung von Praktiken und Lösungen um sicherzustellen, dass die Wünsche des Benutzers bestmöglich berücksichtigt werden, sondern es wächst zu einem wertbeitragenden Medium für das digitale Unternehmen heran. Hierfür bezieht er sich auf eine partnerschaftliche Studie zwischen BMC und Forbes Insights namens „Delivering Value to Today's Digital Enterprise: The State of IT-Service-Management, 2017". Die Studie basiert auf einer weltweiten Umfrage mit insgesamt 261 Führungskräften von großen Unternehmen. Sie betrachtet die sich entwickelnde Rolle des ITSM und wie Organisationen auf der ganzen Welt in moderne Service-Management Lösungen investieren und diese nutzen. Hierfür ordnet die Recherche den ITSM Fortschritt in ein Maturitätsmodell ein, welcher den Verlauf von einem „Befähiger" (engl. „Enabler") der IT-Abteilung zu einem digitalen Katalysator aufzeigt. Dabei indiziert die ITSM Maturitätskurve, dass eine große Mehrheit der ITSM-Aufwände bereits hinter dem Fokus der IT-zentrischen Services liegen und sich auf eine Servicekultur ausrichten, um das Unternehmen in der digitalen Wirtschaft angemessen aufzustellen (vgl Moreno 2017). Dabei stellt die Studie sieben Schlüsselergebnisse heraus. (1) Die meisten Führungskräfte anerkennen einen dramatischen Wandel in der IT-Landschaft, welcher nur schwer mit den benötigten Fähigkeiten entgegnet werden kann. Die Mehrheit von 56% gibt an, dass das Tempo des IT-Wandels oder der digitalen Transformation sich „signifikant" oder ähnlich schnell beschleunige. Engpässe für Fähigkeiten seien dabei die größte Herausforderung, um die IT mit den Unternehmens-Services anzugleichen. 36% sagen, mangelhafte IT-Fähigkeiten krönen die Liste der Herausforderungen dafür. (2) Viele Organisationen würden das meiste ihrer IT-Budgets sowie einen Großteil der Zeit der Belegschaft noch immer in die Bereitstellung der IT-Services investieren. 37% der Befragten bestätigen, dass die Mehrheit der IT-Budgets in die fortlaufende Verwaltung durch Instandhaltung oder Management fließen. Fast die Hälfte, 47%, zeigt auf, dass sie diesen Herausforderungen von Budget und Ressourcen entgegentreten möchten, indem sie sich cloudbasierten Services zuwenden. (3) Der Mangel eines Service-Managements behindere die Wettbewerbsfähigkeit eines Unternehmens. 75% der befragten Führungskräfte stimmen zu, dass die verwendete Menge an Zeit, Geld und Ressourcen für fortlaufende Instandhaltung und Management, anstatt diese in neue Projektentwicklungen oder neue Initiativen zu investieren, die übergreifende Wettbewerbsfähigkeit der Organisation negativ beeinflussen. (4) ITSM spiele eine entscheidende Rolle für Schlüsselinitiativen eines digitalen Unternehmens. Mit 56% bekräftige die Mehrheit der befragten Führungskräfte, dass ITSM entweder „extrem wichtig" oder ähnlich wichtig für die Cloud-Computing Aufwände sowie Big-Data-Initiativen ihres Unternehmens sei. 54% würden diese Bedeutungsstärke auch für Aufwände im Bereich Mobile-Computing empfinden. Dabei seien Transparenz und Produktivität die wichtigsten Beiträge des ITSM für die digitale Transformation. (5) Die Aktivitäten des ITSM seien in den meisten Unternehmen noch immer fragmentiert. Bei der Frage, welcher Zustand am ehesten die Situation der ITSM-Aufwände in ihren Unternehmen beschreibe, erklärten 37% der Führungskräfte, dass die ITSM-Aufwände hauptsächlich darauf fokussiert seien, aktuelle IT-Services zu liefern und 41% meldeten, dass ihre ITSM-Aufwände an die Anforderungen ausgewählter Geschäftsbereiche angepasst seien. (6) Das Service-Management sei nicht nur für die IT wichtig. Da sich die Digitalisierung im ganzen Unternehmen verbreite, würde es in allen Abteilungen benötigt werden. Service-Management habe sich ausgedehnt und repräsentiere neue Wege des Denkens darüber, wie Systeme zur Verfügung gestellt werden können. 66% der Befragten geben an, dass ihre ITSM-Budgets über die letzten drei Jahre gewachsen seien. Die Vorteile einer ganzheitlichen Service-Management-Strategie würden laut 52% der Befragten außerhalb der IT „sehr gut" oder ähnlich gut verstanden werden. (7) Die wichtigsten Unternehmenstreiber für ITSM-Bestrebungen stelle die Verbesserung operativer Effizienz und Produktivität der Angestellten dar. Mehr als zwei von fünf Befragten, 43%, sagten aus, dass die Steigerung operativer Effizienz das Ziel ihrer ITSM-Aufwände darstelle. Kosteneinsparung und höhere Produktivität seien die führenden Vorteile eines soliden ITSM-Ansatzes. Wiederum 42% der Befragten meldeten, dass sie Kosteneinsparungen in ihren Unternehmensprozessen durch ITSM feststellen könnten. Abteilungen mit einem fortgeschrittenen ITSM-Reifegrad hätten eine höhere Wahrscheinlichkeit solche Vorteile anzuzeigen. 49% solcher fortgeschrittenen Abteilungen konnten nach eigenen Angaben

Kosten einsparen, gegenüber lediglich 28% der weniger entwickelten Abteilungen (vgl Forbes Insights 2017: 2 f.). Die Studie schließt mit der Aussage ab, dass ITSM und die dadurch ermöglichte Kultur des Service-Managements eine unverzichtbare Komponente für den Fortschritt in der heutigen digitalen Wirtschaft darstelle. Dabei könne ITSM für Firmen aller Industrien eine ausschlaggebende Rolle im Unternehmen einnehmen. Technologie würde Unternehmen aller Arten tiefgreifend betreffen (engl. „disrupt"), während das Technologiemanagement viele vor eine Herausforderung stelle. Jede Störung eines Service hätte direkte Auswirkungen auf die Produktivität eines Unternehmens und damit letztendlich auch auf den Erfolg des Unternehmens, unabhängig davon ob dieser auf Profitabilität, Effizienz oder schnellem Service beruhe. Strategien der Automatisierung und des Cloud-Computings wären weit verbreitet, bedürfen aber der Fähigkeit benötigte Service-Funktionen und -Kapazitäten zu liefern. Während ITSM noch immer fragmentiert wäre, würde es zugleich eine führende Rolle als Enabler der wettbewerbsfähigen, digitalen Initiativen einnehmen. ITSM solle in jedem Unternehmen, das auf Technologie aufbaut, eine direkte Rolle spielen, da es die Kundenzufriedenheit, Produktivität der Angestellten und operative Effizienz fördere (vgl. Forbes Insights 2017: 28). Shewmake, ebenfalls tätig für BMC, zieht aus derselben Studie, dass 88% der IT-Führungskräfte bestätigen, dass ITSM wichtig für die digitale Transformation sei, vor allem in Bezug auf die Bedeutungskraft für Cloud-Computing-Unternehmungen. Damit untermalt Shewmake die vierte Schlüsselentdeckung der Studie, nämlich dass Schlüsselinitiativen der Digitalisierung nur mit ITSM erfolgen könnten. Zusätzlich bekräftigt er, dass die große Mehrheit der IT-Führungskräfte glaube, Investitionen in das ITSM wären wichtig, um die notwendige Agilität zu erwerben, welche für eine globale, branchenübergreifende digitale Transformation notwendig sei. Er macht außerdem auf einen Konflikt in den Ergebnissen zwischen den ersten beiden Schlüsselentdeckungen aufmerksam. So verstünden 86% der Befragten, dass die Geschwindigkeit des IT-Wandels und der Transformation zunehme. Zugleich würden 55% angeben, dass der Anteil des investierten IT-Budgets für fortlaufende Instandhaltung und Management stetig wachse, obwohl die Anforderungen an höhere Effizienz und Produktivität für IT-Führungskräfte zunehmen sollten. Die vierte Schlüsselentdeckung wird von Shewmake überspitzt. So spricht er von recht hohen Zustimmungen unter den Befragten, dass ITSM eine hohe Bedeutung für die digitale Transformation habe. 86% würden eine Bedeutung für Cloud-Computing sehen, 83% für Mobile-Computing und 83% für Big Data, was den oben genannten SMAC-Technologien entspricht. Zu diesen Zahlen gelangt er jedoch, indem er zu beiden Gruppen der Befürworter zusätzlich die Neutralen hinzuzählt. Abschließend zitiert er Nayaki Nayyar, den Präsidenten des „Digital Service Management" bei BMC. Dieser sagt, dass Unternehmen aller Größenordnungen sich darum bemühen würden mit der heftigen Geschwindigkeit des Wandels, der Transformation und dem Risiko des Untergangs im Anblick von agileren Neueinsteigern und Amtsinhabern umzugehen. Die Umfrageergebnisse würden mit einem klaren Scheinwerfer auf die Notwendigkeit hinweisen in multiple Cloud-Service-Management-Lösungen zu investieren, die die digitale Transformation beschleunigen sollen. Hierbei sei der Schlüssel zum Erfolg, Agilität mit Kosten, Kontrolle und Sicherheit zu balancieren. Es bedarf einer Lösung, die operative Prozesse vereinfacht, Dienstleistungen über den Service-Desk automatisiert, das Risiko um Sicherheitslücken reduziert und die Produktivität erhöht. Zuletzt ergänzt Shewmake Informationen zu der Umfrage. 61% der Befragten kämen aus Nordamerika, 30% aus Westeuropa und 5% seien asiatisch-pazifisch. Fast ein-drittel wären zum Zeitpunkt der Befragung C-Level-Führungskräfte, während 61% Vizepräsidenten oder Leiter gewesen wären. Die einbezogenen Industrien seien Technologie, Produktion und Business Services. 22% der Befragten hätten bei Organisationen mit Umsätzen über $5 Milliarden gearbeitet. Weitere 28% hätten angegeben Umsätze zwischen $500 Millionen und $1 Milliarde zu machen (vgl Shewmake 2017). Auch wenn BMC ein Interesse an einer gewissen Deutung der Studie gehabt haben könnte, so zeigt die Studie durchaus die bereits vorgestellten Themen der Digitalisierung auf und, dass das ITSM hier eine Schlüsselrolle spielt.

5.2 Agile IT-Services

Folgend wird die betriebliche Agilität der IT-Services thematisiert. Ozkan beschreibt in seinem Blog-Eintrag die disruptiven Auswirkungen der digitalen Transformation auf das ITSM. Für ihn sei eine angemessene Reaktion hierauf, die Service-Catalogs zu erweitern und der Prämisse „Digital First" statt „Legacy First" zu folgen. Dies führt er später aus. Zudem befürwortet er DevOps im Einsatz für ein sogenanntes ITSM 2.0. Er sieht CIOs und IT-Führungskräfte zum einen vor den Bedrohungen der Digitalisierung verängstigt, zum anderen durch die neu entstehenden Chancen bekräftigt. Während noch viele Unternehmen darüber nachdenken würden, wie sie auf diese Chancen und Bedrohungen reagieren möchten, erwarteten sie bereits von den IT-Abteilungen eine schnelle und flexible Bereitstellung von Services zur Ausrüstung moderner Fachkräfte. Deshalb würden sich ITSM-Suites, Service-Management-Apps und Service-Catalog-Tools schnell entwickeln, um ebendiese Agilität für die digitale Welt zu ermöglichen. Als wesentliche Auswirkungen der Digitalisierung beschreibt Ozkan die Verbreitung der Konsumerisierung (engl. „Consumerization"), Cloud-Computing, Social Media, Mobile-Computing, sowie die Nachfrage nach einer neuen Generation des ITSM, um eine effektivere IT-Infrastruktur und deren

Betrieb bereitzustellen. Dies Referenziert zu den vorgestellten Themen der IT-Konsumerisierung und den SMAC-Technologien. Zudem gäbe es neue Anforderungen an hybride Cloud-Services, bimodale Apps, Einführungen von DevOps und softwaredefinierte Infrastrukturen, welche transformative Technologien auswerten sollen, um festzulegen, was davon einen frühen Vorteil und was davon ein übermäßiges Risiko darstelle. Dabei stellt Ozkan fest, dass IT-Abteilungen sich der Herausforderung einer ITSM-Evolution stellen müssten, wobei er drei Hauptsegmente festlegt. Die Stakeholder in allen Segmenten würden dabei auf ein gemeinsames Ziel deuten, nämlich einer wettbewerbsfähigen Abgrenzung des Unternehmens durch eine betriebliche Agilität der IT-Services.

(1) Das erste Segment stellt Transformatoren des Service-Catalogs dar. IT-Abteilungen mit ausgereiften Teams für Betrieb und Infrastruktur (engl. „I&O teams") sowie einem großen Inventar von IT-Services haben, laut Ozkan, bisher häufig alleinstehende (engl. „stand-alone"), lokale (engl. „on-premise" oder „on-prem") Service-Catalog-Tools genutzt. Da diesen Tools grundlegende Features einer ITSM-Suite fehlen würden, wären IT-Abteilungen konstant gezwungen, neue Softwaremodule hinzuzufügen um die Lücken zu füllen, wie z.B. Configuration-Management, Asset-Discovery, Service-Cost-Reporting und Problem-Management. Durch die Migration zur Cloud, mobileren Arbeitskräften, der IT-Konsumerisierung und einem Wandel zu SaaS-Modellen, fänden sich diese IT-Abteilungen in einer schlechteren Situation wieder und würden ihre lokale, Service-Catalog-zentrierte ITSM-Strategie überdenken. Als Resultat würden sie neue Softwaremodule zu ihrer existierenden Lösung ergänzen, um neue Anforderungen zu erfüllen, wie z.B. Cloud-Store-Fronten, externe Marktplätze, Service-Orchestrierung, fortgeschrittenes Reporting, oder sie würden zu einer zukunftssicheren Ende-zu-Ende-ITSM-Suite-Plattform wechseln.

(2) Ozkan beschreibt die Mehrheit der IT-Umgebungen großer Unternehmen als Altlast-IT, welche alte ITSM Plattformen betreiben. Diese veralteten, meist lokal-installierten Systeme bestünden aus einer fragmentierten Zusammenstellung unterschiedlicher Technologien und liefen auf Frameworks mit geschlossener Architektur. Das Dilemma wäre dabei, dass es unpraktisch sowie kostspielig sei, sich aus diesen veralteten Systemen zurückzuziehen. Zugleich verlangsame der Betrieb dieser Systeme innovative, schnelllebige Teile des Unternehmens, welche die wettbewerbsfähige Abgrenzung antreiben sollen. Mit Verweis auf die Analysten von Gartner würde Erfolg in der digitalen Welt einen Wechsel der Prämisse „Legacy First" zu „Digital First" benötigen. D.h. der Fokus solle auf die digitale Strategie statt der Altlast gerichtet werden. Um ein veraltetes ITSM also zu modernisieren, sollten ITSM-Teams entscheidende Enabler zusammenführen, darunter servicebewusste, agile IT-Infrastrukturen, ein

Multi-Cloud-Service-Management, eine offen programmierbare Architektur und agile Serviceentwicklungs- und -bereitstellungs-Tools.

(3) IT-Teams und vermehrt Anwender aus den Fachabteilungen sehen, laut Ozkan, wandelnden Geschäftsanforderungen und neuen, potenziellen Chancen entgegen. Daher entwickele sich die nächste Generation der Enterprise-ITSM-Suites. CIOs und IT-Führungskräfte, die sich diesen Lösungen annehmen, würden neue Technologien nutzen wollen, um ihre Geschäftsmodelle zu überdenken und um die Chancen der disruptiven Wellen für sich zu nutzen. Um die Agilität und Effektivität des Betriebs und der Infrastruktur zu verbessern, nehmen sich IT-Führungskräfte neuer disruptiver Technologien an, wie z.B. agile Serviceerstellungs-Tools für DevOps, Microservice-basierte Architekturen, hybride Cloud-Service-Orchestrierung, Selbsthilfe Tools (engl. „Self-Service-Tools") sowie SaaS-basierten Konsum-Modellen. Ozkan schließt mit der Aussage ab, dass IT-Abteilungen, welche sich für den aktuellen Wandel nicht entsprechend ausrüsten, in einen Umstand mit zu hohen Herausforderungen und Risiken gelangen. IT-Organisationen müssten in Infrastruktur und Betrieb schnell und flexibel für Services sorgen können, um moderne Arbeitskräfte auszurüsten. Nur so könnten Organisationen sich abgrenzen und in der digitalen Welt relevant bleiben (vgl Ozkan 2016).

5.3 Der moderne Service-Desk

McKenna beschreibt, als Digital Marketing Managerin der Firma EasyVista, die moderne Welt als einen Ort von "anytime, anyplace, anywhere", also wo jederzeit, jeder Orts und überall auf Daten und Services mit sofortiger Befriedigung zugegriffen werden kann. Die Konsumwelt hätte Innovationen des mobilen und digitalen Erlebnisses in die IT-Landschaft von Unternehmen eingeführt und es stelle sich nun die Frage, wie diese den IT-Service-Desk beeinflussen. Für die mobile Nutzung von Standardanwendungen eines Unternehmens, wie z.B. E-Mail, sei die IT mittlerweile gezwungen, das mobile Arbeiten und die mobile Verfügbarkeit solcher Services zu ermöglichen. Dies kratze jedoch nur an der Oberfläche des Wandels, welcher die IT-Organisation und seinen Service-Desk betreffe. Die Firma 451 Research habe sich mit den Inhalten dieser Thematik näher befasst. Diese wurden von deren Forschungsleiter für Unternehmensmobilität, Chris Marsh, in einem Webinar von Dezember 2016 präsentiert (vgl Marsh et al. 2016). Die Inhalte fasst McKenna daraufhin in ihrem Blog-Eintrag zusammen um sie auf den modernen Service-Desk zu beziehen. Diese Inhalte beschäftigen sich mit mobilen und digitalen Erlebnis-Trends, welche die IT-Organisation beeinflussen sollen. Innovationen im digitalen Erlebnis seien ein signifikanter Treiber für den Wandel von Unternehmenstechnologie. Hierbei suchten Endbenutzer nach stärker personalisierten und kontextualisierten Erfahrungen, laut 60% der Befragten. Zudem forderten Endbenutzer eine Auswahl an Kanälen für den Kontakt mit dem Unternehmen. Rund 76% der Befragten sollen hierbei digitale Kanäle bevorzugen, um mit Unternehmen zu kommunizieren. Außerdem begrüßten Konsumenten mobile Loyalitäts-Belohnungs-Programme bzw. Treueprogramme. 50% der Befragten würden ein Unternehmen mit einem mobilen Treueprogramm, das Belohnungen anbietet, empfehlen. Marsh wird zitiert, dass eine Neudefinition bemerkbar wäre, wie und wo Arbeit erledigt werde, wie Güter ausgetauscht und wie wir über Dinge wie Peer-to-Peer Vertrauen und Reziprozität denken würden. Organisationen sollten sich der digitalen Transformation annehmen, um die Erfahrungen für Konsum, Transaktionen, Produktivität und Kollaboration für alle ihre Kunden zu verbessern, sei es nun intern oder extern, ob mit Partnern oder Angestellten. Dabei stünden laut Marsh die Unternehmen nicht nur über ihre physischen Produkte und Services in Konkurrenz. Es ginge mittlerweile auch darum, wie diese Güter und Services geliefert werden, vor allem durch digitale Erlebnisse und Interaktionen. Das betreffe auch Pre- und Post-Sales Support. Damit handele es sich bei mobilen und digitalen Innovationen längst nicht mehr um sogenannte „nice to haves". Marsh schlägt zwei Aspekte vor, die IT-Organisationen berücksichtigen sollten. (1) Erstens, intelligente und personalisierte Apps anzubieten. In Bezug auf Mobile-Computing sollten diese Apps mithilfe von Daten und Einblicken die Benutzer mit den richtigen Informationen und Prozessen versorgen. Dies soll für bessere Erfahrungen sorgen, welche durch höhere Automatisierung, künstliche Intelligenz, Kontextualisierung und die richtige Infrastruktur möglich werden. (2) Zweitens, bedeutsame Daten für Benutzer und Administratoren anzubieten. Es geht darum, wie Unternehmen die Daten sehen, auffangen sowie sichern, um diese dann zu verstehen, zu verwalten und zu vermitteln. Dies könne mit oder ohne Apps erfolgen. Zudem ginge es darum, die Daten in bedeutsamen Verfahren an Benutzer zu liefern. Diese Betrachtungen und Vorschläge finden sich auch in den vorigen Kapiteln zur Digitalisierung wieder.

McKenna fügt hierauf basierend sechs Wege an, wie mobile und digitale Erlebnis-Trends den IT-Service-Desk beeinflussen würden. (1) Die Erwartungen der der Mitarbeiter im Service-Desk könnten getroffen werden. Dazu sollen mobile Verfahren möglich sein, wie z.B. Tickets, Dashboards oder wichtige Benachrichtigungen, die mobil aufgerufen werden können. (2) Eine effiziente Verwaltung von mobilen Bereitstellungen bzw. Onboardings könnte möglich sein. Die mobile Verfügbarkeit von IT-Services für Arbeitskräfte könne eine Herausforderung für den Service-Desk darstellen. Daher sei ein formalisiertes und technologiebefähigtes Vorgehen notwendig, welches detaillierte Workflows, automatisierte Bereitstellungen von benutzerspezifischen mobilen Apps, Schulungen, etc. umfasst, um sicherzustellen, dass die aktuellen Erwartungen an die digitalen Erfahrungen auch geliefert werden. (3) Der Nutzen könne aus dem Kontext gezogen werden, da mobiler Kontext den Vorteil biete, durch Sensoren sowie Geräte kontextsensitive und umweltbedingte Informationen zu erfahren. Diese sollen sowohl die Geschäftstätigkeit als auch den Service-Desk-Betrieb bereichern und verbessern können. (4) Es sei möglich und nötig, sich auf das Internet of Things vorzubereiten. Die Lieferketten im Arbeitsplatz und die User-Experience sollen für die IoT-Technologie genutzt werden, was eine neue Belastung für den Service-Desk bedeuten würde. Mit der hohen Anzahl von möglichen IoT-Geräten, die in die zehntausenden gehen könnten, würden neue Grenzen gesetzt werden, die verwaltet und unterstützt werden müssten. (5) Der Geschäftswandel könne beeinflusst werden. Während der Service-Desk immer mehr Daten durch IoT-Geräte sammele, würde dies eine wichtigere Rolle in der Steuerung des Betriebs, des Unternehmens und des produktbezogenen Wandels spielen. (6) „Beyond-IT" würde zum Enterprise-Service-Management erweitert werden. Die wachsenden Erwartungen an Service und Support durch Angestellte seien nicht auf die IT-Abteilung limitiert. Auch andere Bereiche, wie z.B. Human Resources oder Kundenpflege, müssten ebenfalls verbessert werden. ITSM-Best-Practices seien hierbei eine gute Möglichkeit, um bessere Service-Erfahrungen zu liefern (vgl McKenna 2017).

5.4 Digital Service-Management

IBM greift die vorgestellten Themen auf, wie z.B. IT-Konsumerisierung, neue Schnittstellen zum Kunden und Kommunikationskanäle über Social Media sowie sich verändernde Geschäftsumfelder. Diese würden in Teilen erwartet werden und erlaubten neue Umsetzungen für den Bereich der Service-Operation, wie z.B. dem Service-Desk. Die Geschwindigkeit von der Herstellung bis zur Vermarktung sowie die Komplexität von neuen Produkten und Dienstleistungen nehme dabei zu. Die Komplexität steigere sich u.a. durch mehr Schnittstellen zwischen eingesetzten Technologien sowie einem gewünschten, einfacheren Bedienverhalten von Endprodukten oder -dienstleistungen. Daher müsse die Konzeption umfangreichere Anwendungsfälle und Zusammenhänge antizipieren. Letzteres werde vor allem durch die Verbreitung moderner Technologien und Lösungen vorangetrieben, welche für eine andere Erwartungshaltung gegenüber Services bei Kunden sorgen. Hier werde ein sehr gutes Kundenerlebnis vom Kunden vorausgesetzt mit zugleich sehr schnellen Lösungen für Kundenanfragen. Alle genannten Anforderungen würden insgesamt zu kleineren Budgets führen aber zugleich, durch die höhere Komplexität, auch zu mehr Herausforderungen für einzelne Projekte. Diese Anforderungen an das ITSM durch die genannten Trends führt die Firma IBM unter dem Titel „Cognitive ITSM". Hier wird eine Lösung durch mehr Kognition (engl. „Cognition") vermutet, d.h. einem ganzheitlichen Bewusstsein für die Geschäftsprozesse sowie dem Geschäftsumfeld und einem verbesserten, effizienteren Kundenfeedback-System um insgesamt proaktiv mit dem Markt umgehen zu können. Anstatt z.B. Daten manuell aufzusammeln, aufzubereiten und diese zu verwalten, sollten Automatismen entwickelt werden, welche die Mitarbeiter in der Organisation für die wesentlichen Aufgaben freistellen. So wären diese nicht mehr für die Verwaltung der Prozesse zu reserviert. Hierzu werden auch agile Methoden aus der Softwareentwicklung angesprochen (vgl. IBM 2016).

Purohit verweist für die Firma BMC ebenfalls auf die Forbes Insights Studie und führt eine Vision für das ITSM aus. Laut ihm denke nahezu jedes Unternehmen aktiv darüber nach, sich digital auszurichten, um an der digitalen Service-Revolution teilzunehmen. Dies hält er für verständlich, da vorreitende Unternehmen der digitalen Transformation ca. 26% profitabler als ihre Referenzgruppe sein sollen, was seine Kontakte bei Capgemini und MIT Sloan bekräftigen würden. Digitale Services seien von bisherigen IT-Services zu unterscheiden, da sie mobil und höchst intuitiv sein sollen, während sie sich zugleich mit einer Geschwindigkeit entfalten und in einem Ausmaß operieren würden, wie bisher noch nicht in der traditionellen IT-Welt gesehen. Es würde erwartet werden, dass Menschen wesentlich produktiver werden, indem sie Informationen erhalten, die relevant sind für was sie gerade tun und wo sich gerade befinden. Ein digitales Unternehmen könne mit spektakulärer Produktivität und Effizienz mithalten. Hierbei sieht BMC vier Kernbereiche, in welchen sich Unternehmen der digitalen Innovation annehmen sollen. (1) Der digitale Arbeitsplatz, (2) der 360° Kundenblick, (3) der digitale Marktplatz und (4) die Automatisierung durch das Internet of Things. Laut BMC würden in diese vier Anwendungsfälle Organisationen wertschöpfende, digitale Services investieren, welche ein Unternehmen auf den traditionellen IT-Services aufbauen lasse. Damit stünde die Service-Optimierung durch ITSM als Basis und Enabler für das sogenannte „Digital Service Management", welches die Service-Anfragen sowie Geschäftsmöglichkeiten der obigen vier Kernbereiche behandelt und dadurch digitale Innovationen erlaubt.

(1) Der Begriff des digitalen Arbeitsplatzes wurde zunächst von Gartner eingeführt. Er beschreibt die Möglichkeit, dass Menschen ihre Arbeit unabhängig des Ortes so einfach erledigen können, als wären sie an ihrem fixen Arbeitsplatz.

(2) Der 360° Kundenblick bedeutet eine voll-integrierte IT in sämtliche digitalen Kunden-Kanäle, so dass Services der Unternehmen nahtlos an Kunden

gereicht werden können, unabhängig der Kanäle, wie z.B. Vertrieb, Marketing oder Kundensupport.

(3) Der digitale Marktplatz bezieht sich auf wertschöpfende Services, die Einkommen durch digitale Kanäle ohne direkten Kontakt mit Kunden generieren. Angedacht sind Services, welche sich in einem Unternehmens-App-Store mit hoher Besucherfrequenz Online selbst vertreiben. Hieran angelehnt sind die bereits vorgestellten Microservices auf digitalen Plattformen.

(4) Die Automatisierung durch das Internet of Things soll das alte Bestreben, die IT zu automatisieren, durch digitale Innovationen weit über Firewalls und Data Centers für Kunden heben. Dies soll durch Point-of-Sale-Geräte und andere Innovationen in sämtlichen Industrien geschehen und skalieren. Das Ziel dabei sei, sämtliche Services über unbegrenzt viele Geräte auswerten zu können.

Auch für BMC besteht die digitale Zukunft aus Plattformen, welche eine hochautomatisierte, industrialisierte IT im Back-End anbieten und nahtlos ITSM-Best-Practices mit digitalen Services im Front-End integrieren. Durch dieses neue Digital-Service-Management sollen sich Service-Anbieter auf eine bahnbrechende User-Experience konzentrieren können (vgl. Purohit 2015). Die Software von BMC soll hier eine Lösung für die vier gesetzten Kernbereiche bieten. Dies ist für diese Untersuchung relevant, da die eigentlichen Aussagen inhaltlich zu den vorgestellten Anforderungen der Digitalisierung passen. Auch laut BMC übernimmt die IT eine Schlüsselrolle, um die Digitalisierung der Geschäftsprozesse zu begleiten. Damit sei die IT kein reiner Service-Provider für einzelne Unternehmensbereiche mehr. Obwohl Anpassungen der IT-Prozesse notwendig für den Geschäftserfolg wären, würden sich IT-Organisationen mit dieser Aufgabe überfordert sehen. BMC führt zur Verdeutlichung des Themas Digital-Service-Management das Beispiel einer Softwareentwicklung auf und nimmt hierfür drei Akteure: den Benutzer, den Business-Analyst und den Entwickler. Während der Benutzer vornehmlich mit dem Business-Analysten im Austausch stünde, wende sich letzterer an den internen Entwickler um die Anforderungen zu besprechen und umzusetzen. Dieses Vorgehen führe zu langen Wartezeiten, einer umständlichen Bedienung, Fehlentwicklungen durch Missverständnisse und folglich zu teurem Zeitverlust sowie Frustration. Die ideale Lösung mache den Dialog mit dem Benutzer agiler. Wenn der Business-Analyst die Softwareanpassungen selbstständig machen könnte, würden die Arbeitsschritte weniger und kürzer werden. Dies führe zugleich zu weniger Aufwand in der Pflege der Software, da die Weiterentwicklung konzentrierter durchgeführt werden könne und somit weniger Fehler oder Missverständnisse produziert werden würden. Das Ziel dabei bleibe, trotz häufiger Releases und hoher Komplexität weiterhin stabile und verlässliche Services anzubieten. BMC sieht hierbei einen großen Mehrwert in einem benutzerfreundlichen Tool, welches den Business-Analysten darin unterstützen soll, Applikationen bzw. Microservices mit Hilfe eines Model View Controllers (MVC) komplett ohne technisches Wissen gestalten zu lassen. Zudem soll durch eine Schnittstelle mit firmeneigenen Applikationen oder externen Cloudservices eine Businesslogik eigenständig integriert werden können. Für mehr benötigte Tools biete BMC einen Marketplace mit weiteren Microservices an. Zuvor genutzte Applikationen sollen uneingeschränkt parallel verwendet werden können, damit ein Wechsel auf die neue Technologie schrittweise erfolgen kann. BMC bewirbt also eine Mandantenlogik, d.h. der Business-Analyst kann pro Kunden einen eigenen Mandanten erzeugen, welcher individuelle Microservices angeboten bekommt (vgl. Brenner 2017). Damit bedient sich BMC dem Business-Model einer Plattform, welche Mass Customization erlaubt. Die wesentlichen Argumente zeigen auf, dass die Wettbewerbsfähigkeit in kurzen Iterationen und Inkrementen liegen sollen, so dass der Benutzer schnell sehen und entscheiden kann, wie ein Endergebnis aussehen könnte. BMC greift hier implizit die IT-Konsumerisierung auf und nennt ein Beispiel der agilen Softwareentwicklung. Auch Drogseth greift dieses Thema auf und führt es mit dem bimodalen ITSM weiter aus.

5.5 Bimodales ITSM

Laut einer Studie der Enterprise Management Associates (EMA) von 2015 mit 270 befragten Unternehmen entwickele sich das ITSM weiter. Für erfolgreiche Teams müsse ITSM mit dem Betrieb (engl. „Operations") sowie der Entwicklung (engl. „Development") für eine agile Produktion verknüpft werden. Das Ziel hierbei soll die Optimierung der Erfahrungen des Endbenutzers werden sowie die Unterstützung von Mobile-Computing. Somit sollen Services skalieren, so dass ITSM-Teams als „Service Broker" für das Unternehmen aber auch für die IT-Services gelten. Hierbei stelle das Team einen zentralen Kern für Governance und Koordination der gesamten IT dar (vgl. Drogseth 2015: 1 f.). Die großen Prioritäten für ITSM würden in der Verbesserung der Erfahrungen des Endbenutzers (engl. „end-user experience"), der Verbesserung des Service-Desk-Betriebs mit einer Integration von Incident- und Problem-Management sowie der Verbesserung des Service-Desk-Betriebs durch Integration des Configuration und Change-Management liegen (vgl. Drogseth 2015: 5). Die bereits vorgestellten DevOps sollen hierbei eine zentrale Runde in den jeweiligen Teams spielen. 65% der Befragten würden das Application-Release-Management mit ITSM bereits integrieren, während es im Jahre 2013 nur 39% gewesen sein sollen. Zusätzliche 16% sollen angegeben haben, ITSM mit agilen Methoden zu integrieren. Integrierte ITSM/DevOps seien laut Studie am besten für die Themen Workflows und Terminplanungen, Feedback-Loops mit der Entwicklung über Nutzung, Relevanz und Qualität sowie die Bereitstellung via Konfigurations-Automatisierung und CMDB/CMS einzusetzen. Die Studie besagt außerdem, dass extrem erfolgreiche ITSM-Teams die Transformationen der Integration von ITSM mit agilen Methoden anerkennen würden und durch diese agilen Methoden eine Schnellspur errichten konnten (vgl. Drogseth 2015 12 f.). Die Studie schlussfolgert, dass es nur zwei Spuren für Organisationen geben wird, die ITSM anwenden, nämlich eine Schnellspur und eine langsame Spur. (1) Zum einen ITSM-Organisationen, welche reaktiv in traditionellen Methoden funktionieren, (2) zum anderen ITSM-Organisationen, die neue Technologien umsetzen wollen, wie z.B. Mobile-Computing oder Big Data Analytics, während sie zugleich domänenübergreifend integrieren, um Betrieb, Entwicklung und non-IT-Services zu unterstützen. Während die Ergebnisse der Studie weiterhin offen für Interpretation blieben, würden sie laut Drogseth zugleich relativ deutlich eine solche zweispurige Vision indizieren. Zudem zeigten die Ergebnisse, dass progressive ITSM-Anwender nicht von etablierten Technologien, wie z.B. Configuration-Management Database (CMDB)-Systemen, Projektmanagement oder Workflow-Steuerung abkehren würden. Eher wiesen die Ergebnisse darauf hin, dass erfolgreichere ITSM-Teams innovativere Technologien und Anwendungsfälle für Technologien suchen würden. Dies könne vor allem daran liegen, dass die Anforderungen durch die digitale Transformation bezüglich Mobile-Computing, agilen Methoden und Cloud-Infrastrukturen, die Vorteile des ITSM deutlicher machen. Die Studie gibt keine harte Prognose für die Zukunft, gleicht ihre Ergebnisse aber mit denen einer vorigen Studie über das ITSM aus dem Jahre 2013 ab. Dadurch kommt sie ebenfalls zum Ergebnis, dass die IT-Organisation und ihre Führung neue Denkansätze fördern und Informationen teilen müsste und mehr Entscheidungen treffen sollte (vgl. Drogseth 2015: 16). Dies gleicht dem bereits vorgestellten Modell der bimodalen IT und weist parallelen zu der agilen Softwareentwicklung auf. Es ist zu beachten, dass auch diese Studie durch Unternehmen der freien Wirtschaft gestützt wurde. Als Sponsoren werden Firmen wie „Blazent", „Hewlett-Packard", „Heat Software", „Interlink Software" und „Manage Engine" genannt. Der Sponsor Heat Software empfiehlt ganz konkret die bimodale IT Strategie für das IT-Service-Management. Für ITSM 2.0 seien eine bimodale IT und IT-Sicherheit ein Unterscheidungskriterium zu ITSM 1.0 und zugleich Voraussetzungen für die digitale Transformation (vgl. Heat Software 2015).

5.6 Enterprise Service Management

Aufgrund ihrer Ähnlichkeit des ITSM zu anderen Management-Frameworks bemerkt Mann den Trend, beide Frameworks zusammenzuführen. ITSM wäre eine logische Konsequenz durch die Anwendung des Service-Managements auf die IT. Analog wie bei der IT gäbe es andere Organisationsbereiche, welche ähnliche Anforderungen an ihr jeweiliges Service-Management hätten. Hier nennt er z.B. das Human-Resources-Management, das Gebäude- und Anlagenmanagement (engl. „Facility-Management") sowie Rechts- und Finanzabteilungen. Die ITSM-Best-Practices, -Prozesse und -Konzepte könnten ebenfalls für diese Unternehmensfunktionen eingesetzt werden, da es Ähnlichkeiten bezüglich des Service-Managements gäbe, darunter z.B. das Ticketing, Workflow und Automatisierung, Knowledge-Management und der Self-Service. Jeweils hätten sie dieselben Ziele der Effizienz und eines besseren Kundenerlebnisses. Für diese IT-fremde Verwendung der ITSM-Fähigkeiten nutzt er den Begriff Enterprise-Service-Management (ESM) oder auch Business-Service-Management. Hierbei stelle ESM einen Begriff dar, welcher generell die Anwendung des Service-Managements und seiner Technologien auf die gesamte Organisation bezieht. Dies diene dem Kontrast zum ITSM, welches sich durch die Vorsilbe IT dediziert den IT-Services sowie deren Service-Management widme und damit eine Unterklasse des IT-Managements darstelle. ESM sei dennoch keine universell anerkannte Definition, da z.B. Wikipedia es ebenfalls als eine Klasse von Business-Management-Software-Lösungen darstellt (vgl. Mann 2016a). Bei genauerer Betrachtung ließe sich laut Mann feststellen, dass sämtliche Bereiche im Kundenkontakt viele Gemeinsamkeiten haben. Dazu zählt er Hilfegesuche (engl. „Requests for Help"), Informationsgesuche (engl. „Requests for Information"), Servicegesuche oder Serviceanfragen (engl. „Requests for Service") sowie Änderungswünsche (engl. „Requests for Change" oder „Change Requests"). Die Ähnlichkeiten zu den Service-Operations aus dem IT-Service-Desk seien hier erkennbar, auch wenn potentiell unterschiedliche Personen, Prozesse und Begrifflichkeiten involviert sind. Dies würde in den vorgestellten Prozessen des Incident-Managements, Request-Fulfilment-Managements und des Change-Managements deutlich werden, welche sich genau diesen Anforderungen widmen. Mit dem ITSM können diese Themen definiert und strukturiert gelöst werden. Zugleich gäbe es IT-Lösungen, z.B. Software-Lösungen, welche hierbei unterstützen und sich an ITSM-Strukturen orientieren. Andere Geschäftsbereiche könnten also aufgrund der ähnlichen Anforderungen mit ITSM-Methoden und IT-Lösungen sicherstellen, dass alle Interaktionen zwischen dem Anfragesteller und dem Dienstleister effektiv und effizient erfasst werden (vgl. Mann 2016b). Ein unternehmensweites Service-Management zu installieren hätte laut Mann dabei mehrere Gründe. So würde die Digitalisierung und die IT-Konsumerisierung bei Kunden eine Erwartungshaltung von Komfort, schnellem Service und der Möglichkeit alles Nötige zu finden, wenn es gebraucht wird, wecken. Die Erfahrungen im privaten Leben werden also auf den Arbeitsplatz übertragen. Zudem biete ESM eine Hilfestellung für die betriebliche Effizienz und den Services einzelner Abteilungen. Die ausgearbeiteten ITSM-Lösungen der kollaborativen ITSM-Szene ließen sich einfacher als zuvor auf nicht-IT Anwendungsfälle übertragen, wie z.b. Self-Service, Servicekataloge, interne und externe Wissensdatenbanken, Chat-Anbindungen und mobile Apps. Diese Lösungen gehen einher mit einem zuvor beschriebenen Möglichkeiten durch SMAC-Technologien. Zudem seien viele Lösungen weitaus flexibler und leichter zu verändern, sodass ihre Anwendung schnell für mehrere Geschäftsbereiche skalieren kann. Zuletzt wirkten sich Entwicklungen bei Lieferanten ebenfalls auf den Wertschöpfungsprozess aus, was durch ITSM-Werkzeuge wiederum zur Einführung von ESM spreche. Anstatt auf die bloße Nachfrage zu reagieren, beobachtet Mann wie andere Quellen, dass sich Lieferanten immer mehr zu aktiven Verkäufern von Dienstleistungen entwickeln. Angefangen mit einem Help-Desk bis hin zu ITSM könnten sich Lieferanten durch ESM insgesamt besser positionieren, um ihre gesamte Geschäftsstruktur an die Möglichkeiten im Wertschöpfungsprozess anzupassen (vgl. Mann 2016c). Wie beim ITSM sei es essentiell, die Vorteile den betroffenen Bereichen klar zu machen. Hierzu fällt das Stichwort IT-Business-Alignment bzw. für nicht-IT-Bereiche das Business-Alignment. Die Vorteile leiteten sich grundsätzlich von den Vorteilen für das ITSM ab. Falls korrekt implementiert, könnten durch ESM erhöhte Effizienz und geringere Betriebskosten entstehen, indem Prozesse optimiert, Workflows automatisiert und Alarmierungen installiert werden, um unnötige Kosten durch manuelle sowie wiederkehrende Arbeit zu unterbinden. Durch z.B. Self-Service könne eine Reduktion des Arbeitsaufwandes erreicht werden, da Angestellte ihre erzielte Lösung wesentlich schneller durch Selbsthilfe erreichen können. Dies und die Möglichkeit, Probleme zu melden und Anfragen über den Self-Service abzuwickeln, bedeuteten weniger Anfragen am Service-Desk oder einer entsprechenden Stelle, also auch weniger Telefonate. Automatisierte Lösungsvorschläge würden das arbeitssparende Potenzial von ESM abrunden. Falls ITSM ohnehin eingeführt würde, ließe sich durch ESM das Investment in die ITSM-Lösung besser skalieren. Das Ziel von ESM sollten bessere Dienstleistungen und Kundenerlebnisse sein, welche sich an den Erwartungen der Kunden orientieren, d.h. Anwenderfreundlichkeit, Self-Service, Kataloge für Serviceanfragen, Wissensverfügbarkeit und Selbsthilfemöglichkeiten, soziale Kollaborationsmöglichkeiten, Verfügbarkeit von Services und Informationen unabhängig von Zeit und Ort sowie ein Menschen- und kundenorientierter Support (vgl. Mann 2016d). Die erhöhte Transparenz der Unternehmensperformanz durch ESM mache letztendlich mehr Möglichkeiten für Verbesserungen deutlich. Die erhöhte Transparenz erlaube zugleich mehr Zugänglichkeit sowie Kommunikationskanäle, welche wiederum eine effektivere Kommunikation ermöglichen sollen. Durch Prozesse,

Rollen und Verantwortlichkeiten könnten Probleme, Flaschenhälse und notwendige Veränderungen einfacher adressiert werden. Durch Eskalations- und Alarmierungsmöglichkeiten könnte zudem sichergestellt werden, dass keine Anfrage bzw. kein Ticket unbeachtet und unbearbeitet durch den Prozess gelangt. Die verbesserte Verantwortlichkeit ließe sich auch über Betriebsfunktionsgrenzen hinaus etablieren, was zugleich die Kollaboration in der Organisation fördere. So könne z.b. das Onboarding von neuen Angestellten, welches mehrere Betriebsfunktionen gleichzeitig beansprucht, durch Kollaboration und mit klaren Verantwortlichkeiten, Meilensteinen und Deadlines adressiert werden. ESM erlaube bessere Rückschlüsse darauf, welche von den angebotenen Dienstleistungen tatsächlich benötigt würden. Hierfür könne der ITIL-Service-Lebenszyklus genutzt werden, um Services von Betriebsfunktionen aus der Service-Strategy hin zur Service-Operation zu koordinieren. Durch die mitgelieferten Prozesse in ITSM ließe sich ebenfalls wesentlich mehr im Betrieb standardisieren. Das betreffe auch Arbeitsweisen, z.b. „Look-and-Feel" von Dienstleistungen der Organisation, und Anlaufstellen, wie z.b. einen organisations- und betriebsweiten Single Point of Contact (SPoC) für sämtliche Anfragen zu sämtlichen Dienstleistungen. Zuletzt biete ESM der IT-Abteilung die Möglichkeit, ihren Stellenwert in der Organisation zu demonstrieren. Durch die Fähigkeiten, das Wissen und die Erfahrungen des ITSM könne das Service-Management sämtlicher Bereiche in einer Organisation profitieren (vgl. Mann 2016e). Als praktischen Anwendungsfall für ESM zeigt Mann die Dienstleistungen des Fachbereichs Human-Resources-Management auf. Auch hier würden Dienstleistungen an Angestellte zur Verfügung gestellt werden, welche ebenfalls mit Problem-, Informations-, Service- und Änderungsanfragen beantwortet werden können. Dies ähnele dem IT-Service-Desk, auch wenn andere Begrifflichkeiten und Prozeduren aufkommen (vgl. Mann 2016f). Auch die Firma Gartner ist der Auffassung, dass sich das Human-Resources-Management durch Themen wie „Beyond HR" auf die Digitalisierung ausrichten solle. Lösungsansätze seien in einem Service-Management zu finden (vgl. Kostoulas 2017). Dem stimmen auch Urbach und Ahlemann zu, welche durch die Digitalisierung veränderte Anforderungen im Human-Resources-Management sehen. Finanzielle Anreize und gute Karriereperspektiven seien keine wesentlichen Kriterien mehr, sondern Themen wie Work-Life-Balance, die Vereinbarkeit von Beruf und Familie sowie eine gute Arbeitsumgebung und -ausstattung. Daher rückten die HR-Services mehr in den Vordergrund bei der Gewinnung von für die Digitalisierung wichtigen Fachkräften (engl. „War for Talents"), während zusätzlich Arbeitnehmer häufiger ihren Arbeitgeber wechseln. Geforderte Fähigkeiten seien z.b. Beziehungsmanager, Architekten, Projekt- und Programmmanager, Vendor-Manager, Experten für User Experience, Daten-Experten, Geschäftsprozess-Designer und Sicherheitsexperten. Zudem würden Eigenschaften wie unternehmerisches Denken und Handeln, Kreativität, Agilität und Innovationsfähigkeit sowie eine generelle Affinität für digitale Technologien erforderlich sein. Zugleich werde durch immer kürzer werdende Innovationszyklen die Halbwertszeit von Qualifikationen und Kompetenzen sukzessiv geringer (vgl. Urbach und Ahlemann 2016: 148-150). Gartner jedoch bezieht die Position, dass es sich beim Thema ESM um einen Marketing-Hype handele. Der Hype diene lediglich zum Verkauf von unnötiger Software außerhalb von IT-Abteilungen in Form von ITSM-Tools. Dies greift Greene, ehemals bei Gartner als ITSM Industry Analyst tätig, auf und führt den Standpunkt weiter aus. Er stimme Gartner darin zu, dass solche Lösungen oftmals nicht gemeinsam mit den jeweiligen Anwendern entwickelt wurden und daher Anforderungen nicht treffen könnten. ESM sei jedoch kein Marketing-Hype, da sich ein Nutzen messen lasse. Services könnten besser als je zuvor effektiver und effizienter verwaltet und bearbeitet werden. Gartner würde in der durchgeführten Studie den historischen Kontext von ESM vernachlässigen. Bereichsübergreifende ITSM-Lösungen wären bereits seit über 20 Jahren im Einsatz, ob nun als ESM oder Digital-Service-Management. Die Praktiken seien also längst bekannt, auch wenn die Begrifflichkeiten dafür neu seien. Als Beispiel nimmt er Workflow-Funktionalitäten, welche von der IT-Organisation auf den Betrieb erfolgreich übertragen wurden. Eine gemeinsame, vorhersagbare Struktur an Prozessen würde Abteilungen die Automatisierung ermöglichen. Gartner hätte sich zu sehr auf das Thema einer Software-Lösung fokussiert, während sich Software-Lösungen oftmals als Plattform nur so gut eignen wie ihre Architektur. Hier würde das Customizing die meisten Probleme bereiten. Moderne SaaS-Plattformen die mit Kunden erarbeitet werden und sich agil erweitern lassen wären bei Gartner außer Acht gelassen. Auch wenn sich diese Meinung mit den bereits vorgestellten Möglichkeiten durch die Digitalisierung decken kann, muss sie kritisch betrachtet werden, da Greene für Cherwell Software arbeitet und hier ein klares Interesse vorliegen könnte (vgl. Greene 2016).

5.7 Das Konzept ITSM 2.0

Kreuzer von HEAT Software sieht ein Ziel von Unternehmen darin, bestehende Strukturen und Workflows aus der IT für möglichst viele Unternehmensbereiche nutzbar zu machen. Hierdurch sollen Einsparpotenziale erschlossen, Geschäftsprozesse optimiert und die operative Effizienz gesteigert werden. Das mache IT-Abteilungen immer mehr zu Service-Providern, deren Service-Management-Tools von immer mehr Unternehmensbereichen auch jenseits der IT genutzt werden. Denn auch hier würden, neben einer schnellen und präzisen Erledigung der Routineaufgaben, qualitativ hochwertige Services erwartet werden. Daher sollten ITSM-Lösungen entsprechende Funktionalitäten bereits mitbringen und sich flexibel an den jeweiligen Bedarf und die Prozessreife des Unternehmens anpassen lassen. Zur Stützung seiner Aussagen bezieht sich Kreuzer auf Analysten und Marktforscher, welche den Unternehmenswert von ITSM erkannt haben sollen und die Einsatzmöglichkeiten längst nicht mehr nur in den Bereichen IT-Support oder Client-Management sehen. Verwiesen wird auf eine Studie namens „ITSM Market Clock 2015" von dem US-Marktforschungsunternehmen Gartner. Diese zähle mehre zusätzliche Funktionalitäten auf, wie z.b. Knowledge-Management, Business-Value-Dashboards oder Unified-Endpoint-Management. Um die neue Reihe von Teilfunktionalitäten vom klassischen ITSM auszudifferenzieren, führt Gartner die neue Kategorie „ITSM 2.0" ein. Dabei lehnt sich dieser Begriff an das vorgestellte Web 2.0 an. Hinzu käme, dass Arbeitsabläufe aus unterschiedlichen Abteilungen oftmals ineinandergreifen sollen. Die regelmäßigen Überschneidungen mit der IT würden also für eine bessere Verzahnung der Unternehmensbereiche sprechen, um Insel-Lösungen und dadurch bedingte Informationssilos abzubauen und durch produktive End-to-End-Prozesse zu ersetzen. Dies lasse sich durch eine zentrale Service-Management-Plattform erreichen, wie z.B. in der Steuerung von IT-Support oder Wartungsprozessen. HEAT Software sieht es als höchst relevant an, Prozesse aus ITSM-Frameworks wie ITIL auf andere Geschäftsbereiche außerhalb der IT anzuwenden und anzupassen. Services außerhalb der IT würden hierbei als Enterprise-Services bezeichnet werden. Eine zentrale, vernetzte Service-Management-Plattform führe laut Kreuzer zu einer offenen Servicearchitektur, die betriebliche Routine-Abläufe mittels vorkonfigurierter Prozesse verschlanke und gleichzeitig abteilungsübergreifende, durchgängige Workflows und einen nahtlosen Informationsaustausch ermögliche. Hierdurch ließe sich mehr Produktivität erreichen. Als Beispiel gibt er den Fall eines neuen Mitarbeiters, der von der Personalabteilung im Service-Management-System gemeldet wird, welches wiederum das Facility-Management sowie die IT automatisch benachrichtigt und mit Aufgaben versieht. Die IT-Abteilung wüsste beispielsweise anhand der Informationen dann automatisch, welche Software, Applikationen und Zugriffsrechte für den neuen Mitarbeiter benötigt werden. Hierbei müssten die Aufgaben und Workflows einmal definiert werden und ließen sich danach pro Fall automatisieren, abarbeiten und nachverfolgen. Anstatt isoliert voneinander zu operieren und lediglich durch E-Mails zu kommunizieren könnten durch gemeinsame, transparente Prozesse Arbeitszeit eingespart und Effizienz gesteigert werden. Zusätzlich wäre ein funktionierendes ITSM ebenso entscheidend für die Systemsicherheit des Unternehmens. Für Kreuzer sind IT-Operations, also das Management der IT-Infrastruktur und der Service-Bereitstellung, und die IT-Security nur unzureichend miteinander verknüpft. Dies gefährde interne Prozesse oder sensible

Unternehmensdaten. Vor allem im Zuge der Industrie 4.0 würden ganze Produktionsanlagen und kritische Infrastrukturen digital gesteuert werden. Dabei komme die größte Bedrohung jedoch nicht von außerhalb, sondern von intern, durch überholte oder fehlgesteuerte Prozesse im ITSM und eine fehlende Anbindung an Security-Mechanismen, was interne Sicherheitslücken erzeuge. Selbst bereits erkannte Risiken könnten dann zu ernsthaften Bedrohungen werden, da eine gezielte Abwehr nicht oder erst zeitverzögert möglich wäre. Als Lösung für diese Herausforderung benennt Kreuzer, dass die Prozesse zwischen IT-Sicherheit und IT-Operations miteinander verknüpft und synchronisiert werden müssen. Hier bilde eine ganzheitliche ITSM-Lösung die Grundlage, damit sicherheitsrelevante Vorgänge hochgradig automatisiert erfolgen können. Durchgängige Automatisierung schließe manuelle Workflows als potenzielle Fehlerquelle aus und könne Compliance-Vorgaben, wie z.B. Nutzungs- und Zugriffsrechte, konsequent durchsetzen. Hierdurch reduziere sich wiederum der Verwaltungsaufwand und Sicherheitslücken könnten gar nicht erst entstehen. An dieser Stelle verweist Kreuzer wieder auf die Teilfunktionalitäten des ITSM 2.0, welches die Analysten von Gartner als das Unfied-Endpoint-Management bezeichneten. Es handele sich um ein zentralisiertes und einheitliches Management aller Endpunkte, welches heterogene IT-Umgebungen ermöglicht. Durch dieses wären Unternehmen für die Aufgabe ausgerüstet, verschiedene Arten von Endgeräten zu verwalten, wie z.B. internetfähige Displays, die als mobiler Workspace genutzt werden, oder digital vernetzte Maschinen und Produktionsanlagen. Aufgrund dieser Aufgabe entwickele sich das Client-Management als eine der Kernaufgaben des ITSM immer mehr in Richtung Unified-Endpoint-Management, bis es von diesem schließlich ersetzt werden würde. Neben dem herkömmlichen Lifecycle-Management für stationäre Clients müsse auch die Verwaltung mobiler Endgeräte und der effektive Schutz aller im Unternehmensnetzwerk verfügbaren Endpoints sichergestellt werden. Kreuzer hält fest, dass ITSM für den Geschäftserfolg von Unternehmen viel erreichen kann. Dabei sei eine ganzheitliche ITSM-Strategie, z.B. in Form einer ITSM-Suite, empfehlenswert, welche eine durchgängige Vernetzung nahezu aller Unternehmensbereiche ermöglicht, d.h. von Personalabteilung über Facility-Management bis hin zur Buchhaltung und zum Kundenservice. Hierdurch ermögliche das Unternehmen eine offene Servicearchitektur für transparentere und effizientere Betriebsabläufe. Dies fördere auch die Systemsicherheit, da sich durch die Automatisierung von sicherheitsrelevanten Prozessen generelle Sicherheitslücken präventiv vermeiden lassen sollen. Außerdem würden somit Compliance-Anforderungen konsequent durchgesetzt und manuelle Prozesse als Fehlerquelle minimiert werden können. Kreuzer hält ITSM und IT-Sicherheit für Aufgabenbereiche, die voneinander nicht mehr zu trennen seien. Komplexe IT-Umgebungen seien nur durch einen ganzheitlichen

ITSM-Ansatz mit umfassenden Unified-Endpoint-Management-Funktionalitäten unterstützbar. Er sieht ein Ziel darin, die Service-Delivery als auch den gesamten Pool an Endgeräten im Unternehmens-Netzwerk von zentraler Stelle aus verwalten zu können (vgl. Kreuzer 2016).

5.7.1 Anforderungen an das ITSM 2.0

Drogseth lehnt sich inhaltlich an Brenner und die bimodale IT an. Für ihn liefere das bisherige ITSM 1.0 lediglich einen reaktiven Service-Desk. Das ITSM 2.0 sei ein notwendiger Meilenstein sowohl für die IT-Abteilung als auch für die digitale Transformation. ITSM 2.0 führe die IT und die Relevanz sowie Effizienz der „IT-to-Business"-Anforderungen zusammen. Diese Zusammenführung reiche über Prozesse, Daten, Technologien und Dialogen zwischen den ITSM-Teams, sodass oftmals ein Knotenpunkt (engl. „Hub") für alle diese Faktoren entstünde. Er verweist für seine Aussagen auf seine Berufspraxis und einige Forschungsprojekte. Dabei stellt er fest, dass ITSM-Teams in vielen Unternehmen eine führende Rolle einnehmen würden, um die generelle IT des Unternehmens effizienter, angepasster und relevanter für Geschäftsergebnisse zu machen. Hierin sieht er ein sich entwickelndes ITSM 2.0, welches grundlegend anders sei von seinem reaktiven Vorgänger. Das ITSM 1.0 sei sowohl bei der IT als auch beim Service-Konsumenten als reaktiver Service-Desk aufgestoßen, obwohl ITSM wesentlich mehr biete als dies. Das liege an negativen Erfahrungen mit dem Betrieb der Service-Desks, welcher bisher für negative Erwartungshaltungen, Frustration und Ungeduld gesorgt haben soll. Laut einer Studie namens „ITSM Futures", an der er mitwirkte und welche ein progressives ITSM gegen ein reaktives ITSM untersuchte, wurden vorhersagbare Eigenschaften von den erfolglosesten ITSM-Teams definiert, die zu diesen negativen Ergebnissen führen sollen. Hierfür zählt er die vier wichtigsten, negativen Eigenschaften auf: (1) eine mangelnde Glaubwürdigkeit darin, Geschäftserfordernisse zu unterstützen, vornehmlich dadurch korreliert, dass das Team ausgelagert wurde und dadurch Personal sowie andere Ressourcen an den Betrieb verloren hat; (2) eine Unfähigkeit mit aufkommenden und in manchen Fällen bereits etablierten Anforderungen in Bezug auf Cloud-Computing, agilen Prozessen, Mobile-Computing und genereller „Endpoint Awareness" umzugehen; (3) ein Scheitern in wesentlich strategischere und potenziell transformative Technologien zu investieren, welche von klassischen ITSM-Investments, wie z.B. CMDBs und Service-Catalogs, über breiter genutzten Investments, wie z.B. Analysen, Application Discovery and Dependency Mapping (ADDM) und fortgeschrittenen Ebenen der Automatisierung von Diagnosen und Regulierungen des Wandels, reichen; sowie (4) ein ähnliches Scheitern in Best-Practices zu investieren, darunter ITIL.

Aus diesen vier negativen Eigenschaften leitet Drogseth sechs positive Eigenschaften des ITSM 2.0 gegenüber dem ITSM 1.0 ab. (1) Das ITSM 2.0 würde eine höhere Effektivität in der Unterstützung von Geschäftserfordernissen erreichen und daher auch eine größere Investition in Bezug auf Personal und anderen Ressourcen benötigen. (2) Es spiele wahrscheinlicher eine Rolle in der Formierung und Optimierung des IT-Betriebs und seiner Effizienz, indem es dabei helfe wesentlich effektivere „Cross-Silo"-Interaktionen und -Dialoge zu fördern, d.h. Netzwerke, Systeme und Applikationen über Abteilungsgrenzen hinweg. (3) Es beteilige sich wesentlich wahrscheinlicher an Initiativen für Cloud-Computing, Mobile-Computing und sogar agilen Methoden mit DevOps. (4) Es sei wesentlich besser aufgestellt für strategische Technologien, wie z.B. CMDBs, Service-Catalogs, Automatisierung und Analysen. Dabei sorge es oftmals für bedeutende Verbesserungen in den Endpunkt-Optimierungen (engl. „Endpoint Optimizations") für mobile und nicht-mobile Geräte, inklusive des Lebenszyklus-Managements und effektiveren Kunden/Konsumenten-Erfahrungen. (5) Es adressiere wahrscheinlicher die Sicherheits-Anforderungen, welche vom proaktivem Support von Incident- und Problem-Management, oftmals für integrierte Technologien die mit dem Betrieb geteilt werden, über „Endpoint Compliance" von Patch- und Configuration-Management reichen. Dabei würden diese Disziplinen breiter über die gesamte Infrastruktur verändert werden. (6) Es spiele wahrscheinlicher eine Rolle in der Förderung der Effizienz von Prozessen durch Best-Practices für die gesamte IT. Zusätzlich zu diesen sechs Eigenschaften des ITSM 2.0 sagt Drogseth, dass das ITSM 2.0 eine wachsende Rolle in der Unterstützung der Effizienz aller Unternehmensprozesse einnimmt, wie z.B. Facility-Management oder Human-Resources-Management, sowie in der grünen IT (engl. „Green IT") und dem Internet of Things. Insgesamt stellt Drogseth zwei Hauptunterscheidungsmerkmale zwischen ITSM 2.0 und ITSM 1.0 fest, nämlich den integrierten IT-Betrieb und die Endpunkt-Optimierung. Über beides soll nur das ITSM 2.0 verfügen.

Den IT-Betrieb (engl. „IT Operations") mit ITSM zu verknüpfen wäre eine der am schlechtesten dokumentierten und dennoch wichtigsten Bereiche des Fortschritts der Industrie. Er fasst aus Dialogen und Forschungen schließlich sechs Eigenschaften des integrierten IT-Betriebs zusammen: (1) Erstens, das Teilen von Daten zwischen Availability-, Performance-, Incident- und Problem-Management. Diese Daten können Ereignisse und Zeitreihen, fortgeschrittene Analytik inklusive Sicherheits-Support, Service-Modeling wie z.B. CMDB und ADDM, eine geteilte Wissensdatenbank und eine wachsende Rolle für Social Media und kommerzielle Daten beinhalten. Mobiler Zugang zu diesen Daten könne das Teilen dieser Informationen noch interessanter machen. (2) Zweitens, das Teilen von Daten für das Change-Management und dem Bedarf für agile

Methoden oder DevOps. Diese Daten erfordern erhöhten Einblick in das Service-Modeling und die Automatisierung. (3) Drittens, verbesserte Automatisierung von Workflows für IT-Betrieb und ITSM-Teams. Er hebt hervor, dass ihm in vielen Konversationen auffalle, dass ITSM die kreative Kraft wird, welche operative Silos durchbricht. (4) Viertens, Projekt-Management-Governance. (5) Fünftens, dokumentierte Betriebskosten (engl. „OpEx" oder „Operating Expenses") um dem IT-Betrieb und dem ITSM zu helfen, ihre kollektive und individuelle Arbeitsweise zu verbessern. (6) Zuletzt, ein wesentlich effektiveres User-Experience-Management, welches alle Ressourcen der ITSM-Teams und des IT-Betriebs auf eine gemeinsame Basis stellt.

Mit Verweis auf eine Recherche der EMA namens „Optimizing IT for Financial Performance" stellt Drogseth fest, dass auch hier das ITSM eine zentrale Rolle spielt. Mit den aufkommenden Anforderungen, mobile Stakeholder zu unterstützen, werde die Optimierung von Endpunkten in Bezug auf Kosten und Nutzen ein führendes Feature des ITSM 2.0. Hierbei wurden sieben funktionale Bereiche am höchsten priorisiert: (1) Sicherheit, (2) Softwarenutzung, (3) Licence-Management, (4) Software Vertrieb, (5) Energieverwaltung, (6) Hardware Lebenszyklus-Management und (7) Endpunkt-Hardwarenutzung. Die Endpunkt-Optimierung könne ebenfalls durch Service-Catalogs und App-Stores verbessert werden, die Kosten, SLAs und Einblicke in das Nutzverhalten für IT-Services durch Konsumenten integrieren (vgl. Drogseth 2016a).

5.7.2 Herausforderungen für das ITSM 2.0

In seinem zweiten Blog über die nächste Generation des ITSM beschreibt Drogseth die für ihn sieben auffälligsten, aber nicht einzigen, Herausforderungen an das traditionelle ITSM, welche ITSM 2.0 bewältigen müsse:

(1) Organisatorische und politische Fragen sowie Führungsthemen findet Drogseth angeblich in fast jeder seiner Recherchen, die von der digitalen oder der IT-Transformation bis hin zu speziellen ITSM-Initiativen reichen sollen, stets an Platz eins. Diese sollen zugleich die schwersten Herausforderungen sein. Am besten könne hier mit einer Baseline für die Organisation entgegnet werden. Statt mit einem linearen Bewertungssystem vorzugehen sollen Unternehmen besser mit den wichtigsten Stakeholdern und deren Wahrnehmung zu diesen und anderen Themen kommunizieren. Lösungen für die anderen sechs Herausforderungen können ebenfalls helfen.

(2) Themen zum Dialog um die IT sowie zwischen der IT und den Stakeholdern setze eine effektivere Community innerhalb des ITSM-Teams voraus. Zudem sei sie mit einer verbesserten Kommunikation und Dialog über die gesamte IT hinweg am wahrscheinlichsten auch die Universallösung für organisatorische und politische Herausforderungen. Durch „Social IT" und Chat-Gruppen

könne Technologie eingesetzt werden, so dass ITSM-Teams, deren Kunden und
IT-Stakeholder wesentlich breiter verknüpft werden können. Kommunikation
könne ebenfalls durch bessere Prozess-Workflows und Automatisierung verbessert werden. Geteilte Daten und verbesserte Dashboards und Visualisierung
könnten insgesamt zum Aufbau von besseren IT-Communities beitragen, mit
wesentlich weniger Schuldzuweisungen und wohlgezielterer Konsensbildung,
siehe Herausforderung sechs.

(3) Es würden höhere Ebenen der Automatisierung sowie effektiver definierte Prozesse benötigt. Gute Kommunikation beinhalte neben Dialogen auch
ein effektiveres Teilen von Informationen und eine Förderung von Kollaborationsmöglichkeiten. Hierbei könnten gut gestaltete Workflows, welche idealer-
weise keine manuelle Anpassung benötigen, entwickelt werden, um die Definition einer großen Varietät von Prozess-Interaktionen zu unterstützen. Gleichzeitig
könnte die ITSM-Automatisierung Zeiteinsparungen für repetitive und oftmals
isolierende Aufgaben bewirken, wie z.B. Konfigurationsänderungen, Patch-
Updates sowie katalogbezogene Serviceleistungen.

(4) Die Herausforderungen um das Thema Cloud-Computing seien laut
Drogseth groß genug um einen IT-Studienplan damit zu füllen. Aus der ITSM-
Perspektive könne die Cloud nicht vermieden werden. Kernherausforderungen
seien hierbei höhere Sicherheitsanforderungen sowie die Einhaltung eines dyna-
mischen Bewusstseins aller Komponente, von Softwarelizenzen über IT-
Infrastruktur bis hin zu den Gefahren und Chancen der Verwaltung von Cloud-
Service-Anbietern. Die Cloud fordere auch andere Vorgehensweisen in der Wahl
von Servicebereitstellungs-Optionen, mit einer höheren Achtsamkeit auf Kosten
und Relevanz für Geschäftskonsumenten. Laut mehren Recherchen stünden
ITSM-Teams stets besser dar, wenn sie sich der Herausforderung stellen, die
Cloud zu optimieren, als wenn sie es nicht tun.

(5) Mit Verweis auf seinen vorigen Eintrag greift Drogseth erneut das Thema des Unified-Endpoint-Managements auf sowie die wachsenden Anforderungen daran, mobile Endverbraucher zu unterstützen. Er verweist auf inkludierte
Themen wie der Sicherheit, der Optimierung des Endpunkt-Mehrwerts über
Laptops und mobile Geräte, dem Verständnis und der Sicherstellung einer effektiven Servicebereitstellung an Endverbraucher und der Ermöglichung von effektiveren Visualisierungsfähigkeiten, welche den Endverbraucher und vor allem
mobile Service-Konsumenten zur vollen Produktivität in ihren Rollen und Ver-
antwortungen befähigen sollen, darunter auch der Interaktion mit der IT.

(6) Die Herausforderungen um die Themen fragmentierte Technologien,
fragmentierte Daten und Werkzeug-Komplexität seien nicht auf die ITSM-
Teams limitiert. Während jedes der drei Themen ein Problem für sich darstellt,
seien sie zugleich zusammenhängend. Sie reichen über den gesamten Betrieb

und die Entwicklung. Zwar gäbe es hier keine Universallösung, aber eine Investition in Technologien, die eine Assimilation mehrerer Datenquellen fördern, mit dem Ziel erhöhter Datenintegrität, Visualisierung, Amortisierungszeit und Relevanz, könne sehr hilfreich sein.

(7) Zuletzt stünde der Bedarf der Integration einer großen Vielfalt von Metriken für Kosten, Governance und Nutzen über die gesamte IT als Herausforderung. Teams für das ITSM 2.0 würden eine größere Rolle in der Governance und der Planung der gesamten IT spielen. Dabei würde eine Bereitschaft vorausgesetzt, welche über die üblichen Silos hinausginge. Als Beispiel nennt er die Suche nach Kosten, z.B. IT-Asset-Management und Software-Asset-Management, sowie operativer Effizienz und Governance-Metriken, die Portfolio-Planung, eine Wenn-Dann-Analytik sowie Kosten und Wirkungen bezüglich der Cloud. Dies zusammenhängend zu tun sei einfacher gesagt als getan. Vor allem, wenn es keinen definierten Industrie-Markt gebe, welcher die Landschaft der wichtigsten verknüpften Komponenten aufzeichnet. Dies sei jedoch der Kern des ITSM 2.0 (Drogseth 2016).

6 Auswertung und Ergebnisse

Anhand der vorgestellten Ausführungen werden abschließend die zugrundeliegenden Thesen ausgewertet und resümiert.

6.1 These 1: ITSM scheitert an den modernen Anforderungen der Digitalisierung

Die erste Hypothese war: Wenn sich das ITSM nicht an die modernen Anforderungen der Digitalisierung anpassen lässt, dann ist es für einen zukunftsweisenden Einsatz in Unternehmen nicht geeignet.

In einigen Kapiteln waren Anforderungen zu entnehmen, welche im ITSM in der Form nicht vorgesehen sind. Diese scheinen die erste Hypothese und damit die erste These zu bestätigen. Darunter zählen die im Kapitel „Digitalisierung und Web 2.0" erstmalig angesprochenen Prosumenten, bzw. im Kapitel „Megatrends der digitalen Transformation" die allgemeine Kollaboration mit Anwendern und Kunden. Der Konsument rückt hier in das Zentrum der Wertschöpfungskette und wird ein wichtiger Bestandteil des Wertschöpfungsprozesses. Es ist eine moderne Herausforderung, den Kunden als einen aktiven Partner in der Produktion zu betrachten, wenn nicht sogar als Mitentwickler einzubeziehen. Als Beispiele wurden Crowdsourcing, User-Generated Content oder der Vertrieb durch Weiterempfehlungen genannt. Hierbei können z.B. Ansätze aus agilen Softwaremethoden helfen. Die Einbindung des Kunden in die Wertschöpfungskette ermöglicht Geschäftsmodelle verschiedener Art, wie z.B. das Long-Tail oder den two-sided Market. Es wurde gezeigt, dass letztlich die Wichtigkeit von Geschäftsmodellen und deren kontinuierliche Weiterentwicklung durchweg Hauptthema der Literatur ist. Im Gegensatz dazu hat sich gezeigt, dass die Prozesse und Prinzipien aus ITSM dank des Service-Gedankens sehr hilfreich sein können und durch ihre Kundenzentrierung vorteilhaft sind. Es wurde jedoch festgestellt, nicht zunächst die Prozesse zu adressieren, sondern das Produkt und die Wirkung beim Kunden, wie z.B. durch Inkremente aus der agilen Softwareentwicklung oder das MVP aus dem Lean Startup Konzept. Dies gilt auch für Hard- oder Software-Technologien, welche bei einigen IT-Projekten im Fokus standen und z.B. durch ein Wasserfallmodell effizient umgesetzt werden können. Es hat sich bestätigt, dass die Problemlösung des Kunden im Fokus stehen soll. Diese Idee entspringt dem Service-Gedanken, den auch die Digitalisierung mit sich bringt, und passt daher ideal in das ITSM. Weitergeführt kann ITSM folg-

© Springer Fachmedien Wiesbaden GmbH, ein Teil von Springer Nature 2019
N. Mitrakis, *Die Ausrichtung des IT-Service-Managements auf die Digitalisierung*,
https://doi.org/10.1007/978-3-658-25380-6_6

lich bei den vorgestellten Themen wie Convenience, dem Humanisierungseffekt
oder der IT-Konsumerisierung helfen.

Ein weiteres Argument, welches für die erste Hypothese sprach, war die
Anforderung hoher Flexibilität in der Digitalisierung, welche z.b. für die Mass
Customization in der Industrie 4.0 benötigt wird. Es wurde z.b. im Kapitel
„Treiber der Digitalisierung" gezeigt, dass das Verständnis der Kunden durch die
Always-On-Mentalität immer weniger tolerant gegenüber einem zeitlich-
begrenzt verfügbaren Kundendienst oder Service-Support wird. Der Kontakt
über Chat auf der Unternehmensseite oder über E-Mail mit einer Rückmeldung
über die ungefähre Bearbeitungsdauer für eine Antwort steht im Kontrast zu
Helpdesks oder langen, intransparenten Wartezeiten am Telefon. Es wurde auch
ausgeführt, dass eine erhöhte Notwendigkeit besteht, immer größer werdende
Datenmengen zu verarbeiten, um bestimmte Services und Prognosen zu ermöglichen. Zudem werden Teile der Serviceerbringung zunehmend an externe Dienstleister ausgelagert, weshalb langwierige Implementierungs- und Installationszeiträume sowie aufwändige Wartungsarbeiten entfallen. Dies stellt neue Anforderungen an die Prozesse und Positionierung der IT-Abteilung und des ITSM.
Zudem wurde beobachtet, dass die Digitalisierung in unterschiedliche Reifegrade
kategorisiert werden kann. Dies wird im Kapitel „Reifegrade der Digitalisierung"
aufgezeigt. Durch moderne Technologien, wie den SMAC-Technologien, also
Social Media, Mobile-Computing, Big Data Analytics und Cloud-Computing,
können anfängliche Reifegrade und internetbasierte Wertversprechen erweitert
und verändert werden. Hier kann ITSM durch seine Ansätze wie den Werteinbehalt, der Wertrealisierung und den Underpinning-Contracts sowie durch mehr
Transparenz in Geschäftsprozessen sowie der Kundeninteraktion und -
integration positive Effekte beisteuern. Höhere Reifegrade der Digitalisierung im
Unternehmen, wie die Industrie 4.0 bzw. Industrial IoT, können, wie gezeigt,
sogar nur mit angepassten und effektiven Wertversprechen als auch Wertketten
erreicht werden. Die Kritik der Flexibilität von ITSM wurde z.B. im Kapitel
„Industrialisierung der IT" angesprochen. Hier wurde ausgeführt, dass durch
einen Fokus auf Effektivität und Effizienz bisher positive Ergebnisse für die IT-
Organisation als serviceorientierten Dienstleister erzielt werden konnten. Die
Paradigmen Plan-Build-Run und Source-Make-Deliver wurden vorgestellt und
zeigen inhaltlich klare Parallelen zu den Prozessen im ITSM oder dem ITIL-
Framework. Die Industrialisierung der IT trennte die IT-Organisation jedoch
immer mehr vom Unternehmen, so dass ein Business-IT-Alignment zur kontinuierlichen Herausforderung wurde. Zudem wurde gezeigt, dass die strenge Pro-
zessorientierung der IT-Organisation, z.B. auf das Incident- und Demand-
Management, dazu führte, dass sie immer mehr als reiner Service-Provider
wahrgenommen wurde. Das bedeutet, dass sie zu sehr auf Anforderungen der

Fachbereiche angewiesen ist, um bei modernen IT-Innovationen mitwirken zu können. Die reaktive Ausrichtung der IT-Abteilung sorgte also dafür, dass sich Fachbereiche immer mehr selbst mit ihren IT-Anforderungen auseinandersetzten, anstatt wie gewünscht die Anforderungen einzureichen. Durch die IT-Konsumerisierung, die leichtere Bedienbarkeit vieler SMAC-Technologien, wie z.B. einige SaaS-Lösungen, sowie durch zu langsame Prozesse wurde also die sogenannte Schatten-IT begünstigt. Sie kommt vor allem deshalb auf, weil fachliche Anforderungen meist überholt sind, wenn der Nutzer im Fachbereich zum ersten Mal mit einer Applikation in Kontakt kommt. Zudem können, z.B. bei Software-Unternehmen, Fachbereiche wie der IT-Support, das IT-Produktmanagement, die IT-Projektleitung und die Softwareentwicklung gekapselt von der IT-Abteilung existieren. Dies kann die IT-Abteilung noch stärker aus IT-Innovationen für externe Kunden ausgrenzen und noch mehr in die Rolle eines reinen internen Service-Providers drängen, wie z.B. für das Rechenzentrum oder Computer-Hardware. Es wurde thematisiert, dass die Anforderungen der Digitalisierung das industrialisierte IT-Management mit seinen automatisierten und optimierten Prozessen an seine Grenzen führen. IT-Wertschöpfungsketten werden tendenziell verkürzt, in den Fachbereichen ausgeführt und/oder in Teilen an externe Partner vergeben, wie z.B. durch ausgelagerte IT-Service-Desks oder das Leasing von Hardware mit zugehöriger Wartung. Es wurde aber auch gezeigt, dass Prozesse noch immer dabei helfen, IT-Services im Service-Design zu erstellen und in der Service-Operation zu betreiben. Doch die automatisierte Fließbandfertigung mit Fokus auf Kosteneffizienz, Verlässlichkeit und hohe Prozessqualität vernachlässigt die Herausforderungen der Digitalisierung wie z.B. disruptive, IT-basierte Innovationen, die etablierte Geschäfts- und Wertschöpfungsmodelle gefährden. Hier wird ein proaktives Handeln erwartet. Durch Einflüsse der agilen Softwareentwicklung wurden hier Konzepte wie die bimodale IT oder das bimodale ITSM präsentiert. Die Kritik der trägen Prozesse richtet sich nämlich primär an die klassische IT-Organisation in einer Hierarchiekette und nicht an das Konzept des ITSM.

Es wurde herausgearbeitet, dass die modernen Technologien, wie z.B. SMAC, das tägliche Leben beeinflussen, indem Waren, Kommunikation und Wissen ständig und überall verfügbar werden. Wie im Kapitel „Paradoxien der Digitalisierung" können dabei Verhaltensmuster oder Erwartungshaltungen bei Kunden auftreten, die sich nicht mit den modernen Möglichkeiten ideal vereinbaren lassen. Dazu zählt z.B. das erwähnte Haptik-Paradoxon, welches eingeschliffene Prozesse und Denkweisen von Menschen nicht so leicht in moderne, digitale Serviceangebote umsetzen kann. Als Beispiel wurde ein mobiles Ticket aufgezeigt, welches auf dem Smartphone zur Verfügung stehen kann. Dies kann aber von einigen Kunden wegen verschiedener Gründe nicht angenommen werden, wie z.B. durch ein fehlendes Smartphone oder durch Misstrauen in die Service-Funktionalität, was jeweils durch ein physisches, ausgedrucktes Ticket gelöst werden kann. Alternativ wurden einfache und kostenlose Retoure-Prozesse für Kleidung als Beispiel aufgeführt, welche durch das Haptik-Paradoxon als zusätzliche Dienstleistung für die Wettbewerbsfähigkeit gestellt werden müssen. Diese Beispiele zeigen auf, dass es in digitalisierten Services schwierig wird, einen zusätzlichen Service von einem Incident- oder Problem zu trennen. Denn z.b. ein Kleidungsstück kann aus diversen Gründen retourniert werden und muss nicht mit einem Fehler oder einer Anfrage verbunden sein. Dennoch kann wenig Flexibilität durch starre Prozesse hier unnötige Prozessabfolgen und -kosten verursachen, z.b. wenn die Ware durch mehrere Kunden retourniert wurde und aufgrund des Problem-Managements stets in die Qualitätssicherung geführt wird, obwohl keine Analyse notwendig ist. Speziell das Haptik-Paradoxon wurde als nicht aufhebbar klassifiziert und erfordert daher Erweiterungen im Service-Management. Auch das Always-On-Paradoxon bringt einen Kontrollverlust im ITSM mit sich, da Angestellte ihr eigenes Endgerät mit in das Unternehmen bringen und dort nutzen können. Das Thema BYOD erfordert zum einen mehr Flexibilität im ITSM, zugleich aber auch einen ausgebauten Kern in der IT-Sicherheit, um eine „offizielle Schatten-IT" in den Fachbereichen und IT-Services vernünftig zu ermöglichen. ITSM bietet hier, durch Prozesse wie das Information-Security-Management, strukturierte Security- und Compliance-Richtlinien, die für Datenschutz und Datensicherheit notwendig sind. Es wurde auch gezeigt, dass dies z.b. für die vorgestellten Paradoxien der Sicherheit und der Intimität wichtig ist. Denn es werden Services auf Basis der SMAC-Technologien erwartet, aber zugleich ein vertrauensvoller Umgang mit den Daten vorausgesetzt, z.B. durch ein anonymisiertes Big Data Analytics mit automatisierten und intelligenten Systemen. Dies stellt auch neue Herausforderungen an die Nutzung von Daten zur Optimierung von Geschäftsprozessen, z.B. durch Einkaufserlebnisse während des Online-Shoppings. IT-Sicherheit und das Information-Security-Management des ITSM stellen hier also eine solide Basis für die Herausforderungen der Digitalisierung dar. Dies betrifft die Verarbeitung der Daten für das Service-Design, als auch das Angebot von Services in der Service-Operation. IT-Sicherheit und der Datenschutz bilden hier einen modernen Flaschenhals (Engpass), welcher durch die Prozesse des ITSM behandelt werden kann. Dabei ist zu beachten, dass das Information-Security-Management, anders als z.B. durch ITIL vorgeschlagen, nicht ausschließlich im Service-Design positioniert werden sollte. Es nimmt, wie gezeigt, einen übergreifenden Stellenwert ein, z.B. für die Geschäftsmodelle, da Big Data Analytics, Datenschutz und Datensicherheit hier als Schlüsselkompetenz verstanden werden.

Wie im Kapitel „Volkswirtschaftliche Betrachtung" erstmalig angesprochen, bringt die Digitalisierung einen internationalen Outsourcing-Trend mit sich, welcher sich auf Netzwerke, IT-Services und digitale Güter konzentriert. Diesem kann vor allem mit dem Supplier-Management und Underpinning-Contracts aus dem ITSM begegnet werden. Internationale Produktionsprozesse müssen dabei harmonisiert und standardisiert werden. Auch hierbei können die Prozesse aus dem Service-Management genutzt werden. Durch Kapitel wie „Informations- und Wissensverarbeitung" oder „Clusterinitiativen und Partnernetzwerke" wurde jedoch auch aufgezeigt, dass Lieferanten und ihre Dienstleistungen schnell und daher automatisch bewertet werden müssen. Dies erfordert einen Ausbau von Underpinning-Contracts und SLAs. Es wurden auch Smart-Contract-Geschäftsmodelle erwähnt, wo automatisierte Verträge mit Partnern in Partnernetzwerken erfolgen. Um eine solche Automatisierung zu ermöglichen, müssen Prozesse standardisiert werden.

Es wurde im Kapitel „Geschäftsmodelle in der Digitalisierung" gezeigt, dass Dienstleistungen in Form von SaaS immer stärker den Plattformgedanken in Form des two-sided Market verfolgen und sämtliche Branchen betreffen. Hier werden Services an unterschiedliche Kunden gleichzeitig angeboten. Dabei werden Dienstleistungen eines Unternehmens immer digitaler und dadurch weniger unterscheidbar von IT-Services, welche eigentlich von der IT-Abteilung erfolgen sollten. Die Digitalisierung stellt also Anforderungen an die Geschäftsmodelle der Unternehmen, welche auf einem Servicegedanken für mehrere Kunden gleichzeitig basieren und hierfür IT einsetzen. Grundsätzlich lässt sich auch hier, mit stärkerer Kundenintegration, das ITSM anwenden. Konkret müssen z.B. bei Plattformen spezielle Services an externe Komplementoren angeboten werden, welche dann selbst Services für die Plattform an Kunden anbieten. Auch wurden im gleichen Kapitel sechs Möglichkeiten zur Erreichung von Geschäftsmodell-Innovationen thematisiert. Bei allen dieser Möglichkeiten, außer den Ertragsmodellinnovationen, kann ITSM durch Prozesse eine Basis bilden, welche dann weiterentwickelt wird. Der Service-Lifecycle involviert jedoch stärker als zuvor die Fachbereiche. Daher muss die IT-Abteilung diese stärker integrieren oder sich stärker in diese integrieren. Im Kapitel „Veränderungen der IT-Infrastruktur" wird dies z.B. durch den geforderten Cloud-Manager deutlich, da Cloud-Service-Anbieter oftmals keine Beratungsleistungen oder Dienstleistungen jenseits standardisierter SLAs und AGBs anbieten und es deshalb Ansprechpartner für die Anwender geben muss. Auch wurde das Konzept der DevOps präsentiert. Hier werden Experten für Betrieb und IT losgelöst von der IT-Abteilung in den Fachbereichen eingesetzt. Solche Ideen werden vom ITSM noch nicht berücksichtigt. Im Kapitel „Implikationen für das IT-Management" wurde jedoch aufgezeigt, dass z.B. die Zusammenarbeit mit den Fachbereichen über das Demand- und Service-Management hinaus notwendig wird. Manche Quellen sind daher der Auffassung, dass die klassische IT-Abteilung in ihrer bestehenden Aufstellung keine Zukunft mehr hat. Dies schließt jedoch das strukturierte ITSM nicht aus. Vielmehr muss die IT-Abteilung, wie im Kapitel „Neue Aufgaben der IT-Abteilung" betrachtet, wesentlich kreativere und strategischere Aufgaben übernehmen. Durch ein Outsourcing von reinen Technikern könnten Services dann strukturiert und automatisiert werden oder an die Fachbereiche weitergeleitet werden. Die aufwendigen Planungsphasen und starren, unflexiblen Prozesse sind z.B. durch das Paradigma Innovate-Design-Transform aufzulösen. Damit wird ein Innovationsmanagement-Prozess gefordert, der die Schnittstellen für interne Kunden aufweicht und weniger über starre SLAs reguliert. Auch wenn ITSM noch keine Innovationsmanagement-Prozesse mitliefert, sind die mitgelieferten Rollen, Verantwortlichkeiten und Prozesse des Demand-Managements, Change-Managements und der Service-Level-Manager ein oft referenziertes Thema. Die Vorteile dieser ITSM-Praktiken bleiben bestehen, werden aber über Abteilungsgrenzen hinweg verteilt.

Aufgrund dieser Ausführungen kann die Hypothese abgelehnt werden: ITSM kann zumindest in Teilen für die Anforderungen der Digitalisierung herangezogen werden. Somit ist es für einen zukunftsweisenden Einsatz in Unternehmen geeignet, auch wenn es Potenzial für Erweiterungen aufweist. Dieses Potenzial wurde im Kapitel „ITSM im digitalen Unternehmen" aufgegriffen. Hier wurde gezeigt, dass auch das ITSM bereits mehrere Evolutionswellen erlebt hat. Die Industrialisierung der IT mit Prozess-Frameworks wie ITIL war eine dieser Evolutionswellen und erzielte eine Zeit lang gute Ergebnisse. Doch aktuell stellt sich heraus, dass das Service-Management mehr als nur eine Sammlung von Prozess-Frameworks ist. Wie im Abschnitt „ITSM in der Digitalisierung" aufgeführt wurde, kann das Service-Management als eine Disziplin verstanden werden, welche einen Wandel der gesamten Organisation mit sich zieht. Das ITSM kann durch Konzepte wie ITSM 2.0 oder ESM auch auf andere Geschäftsbereiche übertragen werden und erlebt dadurch eine neue Evolutionswelle. Insgesamt wurde dargestellt, dass eine den Konsumentenbedürfnissen entsprechende, vorausschauende Serviceleistung die Produktion elastischer macht. Dies lässt sich grundsätzlich mit Standardisierten Rahmenbedingungen erreichen. ITSM kann in diesem Bezug den Anforderungen der Digitalisierung gerecht werden.

6.2 These 2: Ohne ITSM kann die Digitalisierung nicht erfolgen

Die zweite Hypothese war: Wenn die Digitalisierung ein strukturiertes Vorgehen in Bereichen erfordert, die von ITSM definiert sind, dann sind zumindest diese Teile des ITSM für ein Digitalisierungsvorhaben notwendig.

Wie sich in der vorigen Hypothese abzeichnete, kann ITSM durchaus für die Anforderungen der Digitalisierung, zumindest in Teilen, genutzt werden. Nun ist zu prüfen, in wie fern ITSM für Digitalisierungsvorhaben erforderlich ist. Bereits im Kapitel „Digitization und Digitalization" wurde aufgezeigt, dass die digitale Transformation nicht ohne notwendige Praktiken, Prozesse und Kultur für effektive Geschäftsmodelle erfolgreich sein kann. Wie schon in der ersten Hypothese beschrieben, wurde festgestellt, dass sich die Kultur der Unternehmen allgemein in eine serviceorientierte Richtung entwickeln muss. Mit einem Kunden im Zentrum der Wertschöpfung müssen sich auch Praktiken und Prozesse an diesem orientieren. Das ITSM bietet hier viele unterstützende Möglichkeiten. Doch wie im Kapitel „Risiken durch die Digitalisierung" besprochen, ist das IT-Sicherheitsmanagement in Form des Information-Security-Managements eine Grundvoraussetzung für Digitalisierungsvorhaben. Hierunter fallen Themen des Datenschutzes und der Datensicherheit, aus welchen sich auch Anforderungen an Services ableiten. Zusammen mit dem Service-Continuity-Management, welches zu einem Business-Continuity-Management weiterentwickelt werden muss, bildet es eine Schlüsselkompetenz für digitalisierte Unternehmen. Ein gewisser Reifegrad von ITSM-Prozessen wird hier als Grundlage für die digitale Transformation vorausgesetzt. Dies wird auch im Kapitel „Risiken durch die Digitalisierung" mit dem „Gesetz zur Erhöhung der Sicherheit informationstechnischer Systeme" und dem „IT-Sicherheitsgesetzt" bestätigt. IT-Sicherheit wird auch als Enabler für die Digitalisierung im Kapitel „Paradoxien der Digitalisierung" aufgeführt. Durch die genannten Paradoxien und die Schatten-IT sind Sicherheits- und Compliance-Richtlinien eine essenzielle Voraussetzung, um z.B. aus Daten Services zu generieren oder allgemein Services anbieten zu können. Außerdem stellen definierte Prozesse eine Voraussetzung für Architekturen der Infrastruktur- und Applikationslandschaft dar. Ein Architekturmanagement mit dokumentierter IT-Landschaft wäre demnach eine notwendige Ausbaustufe.

Auch das Change-Management sowie das Supplier-Management und eine weitestgehende Standardisierung von Prozessen werden für eine Baukasten-IT, das IT-Sourcing und Partnerschaften vorausgesetzt, wie es in den Kapiteln „Standardisierung und Baukasten-IT", „Clusterinitiativen und Partnernetzwerke", „Digitale Service-Systeme", „Neue Aufgaben der IT-Abteilung" und „IT-Sourcing und Kosteneffizienz" aufgeführt wurde. Die Kollaboration mit externen, spezialisierten Unternehmen ist vornehmlich für kleine und mittlere Unternehmen interessant, um gemeinsam innovative Lösungsansätze für Marktanforderungen zu finden. Dabei werden insbesondere Servicekonzepte für das Service-Design gesucht. Somit wird auch hier ein gewisser Reifegrad im ITSM vorausgesetzt, da nur definierte Prozesse, SLAs und Underpinning-Contracts das notwendige, strukturierte Vorgehen erlauben. Erforderliche Prozesse, Strukturen, Rollen und Verantwortlichkeiten können ITSM-Prozessen wie dem Demand-Management, dem Supplier-Management und dem Change-Management entnommen werden. Das Kapitel „Digitale Service-Systeme" bestätigt die zweite Hypothese mit der Aussage, dass sich ein gewisser Reifegrad des Service-Managements in jedem modernen Unternehmen bereits vorfinden lässt. Um weiterhin wettbewerbsfähig zu sein, muss dieser Reifegrad weiter ausgebaut werden. Mögliche Umsetzungen hierfür wurden dann im Abschnitt „ITSM in der Digitalisierung" aufgezeigt, wie z.b. durch ESM oder ITSM 2.0. Hier wird mehrfach angesprochen, dass ITSM essenziell für die digitale Transformation und IT-Konsumerisierung ist. Der Mangel eines Service-Managements wird als Behinderung der Wettbewerbsfähigkeit eines Unternehmens aufgeführt. Transparenz und Produktivität sind wichtige Beiträge des ITSM für die digitale Transformation und dabei für das gesamte Unternehmen relevant. Denn das Service-Management rückt näher in Richtung der Geschäftsmodelle. Es wird jedoch auch thematisiert, dass ITSM in unterschiedlichen Reifegraden vorhanden sein kann. In späteren Reifegraden sollte der Fokus auf die digitale Strategie gerichtet werden. Insgesamt sollte dies jedoch zeitnah erfolgen, um keine Disruption zu erfahren.

Wie im Kapitel „Geschäftsmodelle in der Digitalisierung" betrachtet, rücken Dienstleistungen, z.B. in Form von SaaS, in den Vordergrund und werden immer weniger von spezifischen IT-Services unterscheidbar. Themen wie Mitarbeiterkompetenzen, Aus- und Weiterbildung der Mitarbeiter und Knowledge-Management werden ebenfalls als Schlüsselkompetenzen für die Digitalisierung angesehen, welche aus der Service-Transition des ITSM zu entnehmen sind. Für eine hohe Dienstleistungsorientierung sowie notwendigen Innovationen in Leistungen, Marketing, Prozessen, Märkten und Netzwerken wird ein gewisser Reifegrad des Service-Managements vorausgesetzt, da Services den Kern moderner, digitaler Unternehmen bilden. Wie aus dem Kapitel „Implikationen für das IT-Management" zu entnehmen, erhält das Change-Management eine besondere Rolle in der digitalen Transformation. So muss auch die industrialisierte IT an die Fachbereiche geführt werden, um mit den Anforderungserstellern kollaborieren zu können. Weiterhin sind das Architekturmanagement, das IT-Innovationsmanagement, das Projektportfolio- und Lieferantenmanagement sowie das Service-Monitoring, IT-Governance und Standardisierung von Prozessen, das Security-Management und das Business-Continuity-Management erforderlich. Teile und Ansätze hiervon finden sich im ITSM, auch in Frameworks wie ITIL und CoBIT. Während sich mehr an agilen Projektmanagement- oder Softwareentwicklungs-Prinzipien orientiert werden soll, wie z.B. SCRUM, bleiben die Anforderungen aus dem Demand-Management mit seinen Rollen, Verantwortlichkeiten und seiner Kundenorientierung relevant. Diese müssten nur in die jeweiligen Fachbereiche übertragen werden, so dass Betriebs-, Wartungs- und Support-Prozesse angepasst werden müssen. Das wurde im Kapitel „Neue Aufgaben der IT-Abteilung" dargestellt. Die fortlaufende Überwachung und operative Steuerung von Projekt- und Betriebsaktivitäten mit Lieferanten und Providern soll durch das IT-Controlling, das Projektcontrolling und das Service-Level-Management erfolgen. Es wurden zudem Reifegrade einer IT-Organisation aufgezeigt, die durchlaufen werden müssen. Dabei stellt das ITSM den ersten Reifegrad und somit das Fundament für die digitale Transformation dar. Dieser Reifegrad muss jedoch ausgebaut werden, so dass die IT-Abteilung zum Gestalter der digitalen Transformation werden kann. Teile des konventionellen ITSM bleiben jedoch noch erforderlich. Dies wurde in den Kapiteln „Bimodale IT", „Agile Softwareentwicklung und IT-Konsumerisierung" sowie „Bimodales ITSM" besprochen. So beinhaltet die Heavyweight-IT bzw. Modus 1 der bimodalen IT noch klassische Anforderungen und Voraussetzungen des ITSM. Für eine agile Produktion muss ITSM mit dem Betrieb und der Entwicklung verknüpft werden, wobei Incident- und Problem-Management sowie Configuration- und Change-Management vorausgesetzt werden. Das IT-Management kann Richtlinien gestalten, die einerseits agiles und innovatives Verhalten auf der Fachseite ermöglichen, gleichzeitig aber den Anforderungen an Compliance und Sicherheit entgegenkommen, z.B. durch Prozesse und Best-Practices aus dem ITSM. Zudem wurde angesprochen, Abteilungsgrenzen aufzulösen und ein zentrales Vorstandsressort für die Digitalisierung zu etablieren, welches sich auf die Führungs- und Steuerungsaufgaben konzentriert.

Die zweite Hypothese kann folglich bestätigt werden. Die Digitalisierung erfordert ein strukturiertes Vorgehen in Teilbereichen wie beispielsweise der IT-Sicherheit, den Partnernetzwerken, dem Change-Management und dem Business-Continuity-Management. Hier liefert das ITSM definierte Prozesse, welche als Ausgangsbasis für Digitalisierungsvorhaben genutzt werden sollten. Daher sind zumindest diese Teile des ITSM eine erforderliche Grundlage für die digitale Transformation.

6.3 Synthese: ITSM ist kompatibel mit der Digitalisierung

Nachdem die erste These abgelehnt und die zweite These bestätigt werden kann, ergibt sich die Möglichkeit einer Synthese. ITSM kann bei modernen Anforderungen durch die Digitalisierung hilfreich sein und ist in gewissen Teilen sogar notwendig. Daher ergibt sich die Möglichkeit, ITSM mit den Anforderungen der Digitalisierung zu verknüpfen.

Es wurde ermittelt, dass die Digitalisierung neue Herausforderungen an die Geschäftswelt stellt. Hierdurch ergeben sich auch Anforderungen an das Management. Zusammengefasst rücken die Kundenerfahrung und der Dienstleistungsgedanke in das Zentrum. Beides sind Schlüsselelemente des Service-Managements. Das IT-Service-Management bietet durch Frameworks wie ITIL definierte Prozesse und Best-Practices. Diese lassen sich auf das generelle Service-Management übertragen, was z.B. in Ansätzen des Enterprise-Service-Managements deutlich wird. Darüber hinaus wurde gezeigt, dass sich das allgemeine Dienstleistungsangebot der Unternehmen mit der IT vermischt, weshalb eine strikte Trennung von IT und Betrieb in klassischer Form nicht mehr möglich sein wird. Dies wird vor allem durch neue Geschäftsmodelle wie den Plattformen mit einem two-sided Market deutlich. Durch die Vermischung von IT und Betrieb stellte sich die Frage, in wie weit eine dedizierte IT-Abteilung mit einem ITSM noch relevant bleibt. Einige wissenschaftliche Quellen sind hier der Auffassung, dass die IT-Abteilung in ihrem klassischen Aufbau für die Anforderungen der digitalen Transformation nicht geeignet ist. Durch seine Spezialisierung auf IT wurde auch das ITSM im Hinblick auf Effizienz und Effektivität optimiert, was als Industrialisierung der IT bezeichnet wurde. Hierbei handelt es sich, wie ausgeführt, jedoch um eine Evolutionsstufe des ITSM. Da sich die Prinzipien des ITSM auf ein generelles Service-Management übertragen lassen und da sich IT-Services von den übrigen Services eines Unternehmens immer weniger unterscheiden lassen, existieren Ansätze einer neuen Evolutionsstufe des ITSM. Diese fokussiert sich mehr auf die Kollaboration mit Anwendern und Flexibilität in der Entwicklung von Services. Hierfür sollen Prinzipien der agilen Softwareentwicklung sowie Möglichkeiten durch moderne Technologien genutzt werden. Die ausgearbeiteten Prozesse und Verantwortlichkeiten des ITSM helfen in der ersten Stufe grundlegende Funktionalitäten für die digitale Transformation im Unternehmen zu gewährleisten. In späteren Ausbaustufen soll jedoch von der Prozesskonformität zumindest in Teilbereichen, wie z.B. dem Demand-Management, abgesehen werden, um mehr Flexibilität zu erlangen. Die Entwicklung neuer Services soll inkrementell erfolgen. Das bedeutet, dass Services schnell erstellt und in Zusammenarbeit mit den Anwendern optimiert werden sollen. Es wurde auch besprochen, dass es dennoch Bereiche geben wird, die eine klassische Vorgehensweise benötigen. Hierunter fällt z.B. die IT-Sicherheit, welche durch ITSM-Prozesse wie das Information-Security-Management abgedeckt werden können. In den Kapiteln „Bimodale IT" sowie „Bimodales ITSM" wurde gezeigt, dass das IT-Management einen Rahmen benötigt, welcher sowohl ein streng prozesskonformes als auch ein prozess-orientiertes aber flexibles Vorgehen vorsieht. Eine konkrete Lösung muss weiterhin untersucht werden. Durch Konzepte wie das ITSM 2.0 lassen sich jedoch erste Ansätze mit Handlungsempfehlungen finden. Die neuen Ausbaustufen des ITSM sollten vor allem ein IT-Innovationsmanagement vorsehen, damit die IT-Organisation zum Gestalter der digitalen Transformation werden kann. Dies wurde im Kapitel „Neue Aufgaben der IT-Abteilung" ausgeführt. Außerdem kommen durch die Veränderungen der IT-Infrastruktur sowie durch Partnernetzwerke die Rollen des Netzwerkers und des Cloud-Managers vor, welche in ihren Verantwortlichkeiten und Tätigkeitsbereichen näher definiert werden müssen. Es kann festgestellt werden, dass die Digitalisierung und das ITSM sich wechselseitig beeinflussen. Das generelle Ziel ist bei den vorgestellten Konzepten stets eine organisationale Ambidextrie, bzw. Ambidexterität (lat. „beide rechts"). Damit ist die Fähigkeit einer Organisation gemeint, gleichzeitig effizient als auch flexibel zu sein.

7 Diskussion und Ausblick

Diese Untersuchung hat gezeigt, dass sich das IT-Service-Management auf die Anforderungen der Digitalisierung ausrichten lässt. Zudem wurde erörtert, dass Teile des ITSM grundlegende Bedingungen für Digitalisierungsvorhaben von Unternehmen darstellen. Es wurde gefolgert, dass ITSM und die Digitalisierung in einer wechselseitigen Beziehung (Interdependenz) stehen. Die Anforderungen der Digitalisierung setzen ein Kunden- und Service-orientiertes Denken voraus. Vor allem Geschäftsmodelle, die besonders zufriedenstellende Services anbieten können, werden sich im Wettbewerb durchsetzen können. Hierbei spielt das allgemeine Service-Management, mit einem Fokus auf den Bereich des Service-Design, eine Schlüsselrolle. Durch Kollaboration mit Kunden, Partnern und Lieferanten müssen hier Service-Lösungen gefunden werden, die schnell und zufriedenstellend implementiert werden können. Die IT-Sicherheit stellt dabei eine Grundvoraussetzung für Digitalisierungsvorhaben dar und kann durch Prozesse und Best-Practices des ITSM strukturiert werden.

Dabei bleibt zu diskutieren, wie die Gewinnung von entsprechenden Fachkräften und allgemein die fachabteilungsübergreifende Kollaboration zu gestalten ist. Während einerseits durch die vorgeschlagenen Outsourcing-Möglichkeiten einem Fachkräftemangel in Teilen begegnet werden kann (vgl. Urbach und Ahlemann 2016: 131-134), da Fachkräfte von Partnern oder Lieferanten mitgenutzt werden, stellt sich dennoch die Herausforderung beispielsweise Sicherheitsexperten oder die vorgestellten DevOps im Unternehmen zu installieren. So fallen einerseits Arbeitsplätze durch die Digitalisierung weg, andererseits werden neue Qualifikationen bei Angestellten gesucht (vgl. Urbach und Ahlemann 2016: 146-148). Da die Digitalisierung alle Lebensbereiche betrifft, beschränken sich ihre Anforderungen an die Geschäftswelt nicht nur auf Dienstleistungen für externe Kunden, sondern erfordert auch ein Umdenken bei Führungskräften und Management-Stilen. Hier sind neue Führungsmodelle und Vorteile für Fachkräfte zu erörtern, da sich Angestellte ebenfalls zu internen Kunden entwickeln, die Arbeitgeber besser vergleichen können (vgl. Khan 2016: 44-46). Es sollte in jedem Fall zusätzlich beachtet werden, dass sich das Risiko eines zerstörten Vertrauens gegenüber dem Service-Nutzer nicht auslagern lässt. Auch deshalb empfiehlt sich ein strukturierter Umgang mit dieser Thematik des IT-Outsourcing und der Partnernetzwerke.

Die Digitalisierung bringt durch neue Möglichkeiten und Technologien auch Paradoxien mit sich, da z.B. die Gesellschaft sich nicht in allen Bereichen

© Springer Fachmedien Wiesbaden GmbH, ein Teil von Springer Nature 2019
N. Mitrakis, *Die Ausrichtung des IT-Service-Managements auf die Digitalisierung*,
https://doi.org/10.1007/978-3-658-25380-6_7

gleichzeitig mitentwickelt (vgl. Kalinowski und Verwaayen 2013: 492). Zudem verlaufen Digitalisierungswellen in unterschiedlichen Branchen unterschiedlich schnell. Dies macht das Thema komplex, weshalb klare Prognosen und Handlungsempfehlungen nur schwer möglich sind. Dennoch gibt es eine Vielzahl von Modellen, um die kundenorientierten Prinzipien der digitalen Transformation zu messen und umzusetzen. Diese zusätzlich vorzustellen übersteigt den Rahmen dieser Untersuchung. Es bleibt festzuhalten, dass sich die Anforderungen der Digitalisierung in einer Veränderung der IT-Abteilung und des IT-Managements bemerkbar machen werden. Da IT in sämtlichen Fachabteilungen eines Unternehmens an Bedeutung gewinnen wird, kann eine dezentrale Umsetzung des ITSM durchaus sinnvoll sein. Es hat sich zudem herauskristallisiert, dass die IT-Abteilung durch IT-affine Anwender in den Fachbereichen und durch verfügbare Online-Lösungen, wie z.B. Cloud-Anwendungen, an Bedeutung verliert. Dennoch sollte das IT-Management proaktiv mitwirken, um sich als Gestalter der digitalen Transformation zu positionieren. Die Strukturen, Prozesse, Partnerschaften und Kultur in Unternehmen müssen vorbereitet werden, um den Anforderungen der Digitalisierung erfolgreich entgegnen zu können. Hierfür kann und sollte sich auch anderer Vorgehensweisen des IT-Managements bedient werden, wie z.B. der agilen Softwareentwicklung. Dieses ist auf das allgemeine Projektmanagement übertragbar, welches aufgrund der digitalen Transformation immer agiler werden muss. Insgesamt sollten Unternehmen interdisziplinäre Teams mit Kundenzentrierung aufstellen, um eine serviceorientierte Gestaltung von Geschäftsmodellen und Projekten zu ermöglichen. Wie gezeigt, können durch die Konsumerisierung dabei auch neue Ansätze für die grundsätzliche Gestaltung von Services relevant werden. Es wurden Themen wie der Hedonic Value oder Gamification angerissen, welche den Spaß beim Konsumieren von Services als einen Wettbewerbsfaktor feststellen. Dies betont ebenfalls, dass die Gestaltung der Services im Service-Design kollaborativ durch interdisziplinarische Teams erfolgen sollte, welche durch die besprochene offizielle Schatten-IT wesentlich freier und kreativer an modernen Lösungen arbeiten sollen.

Gleichzeitig ist zu bemerken, dass neue Technologien mit disruptivem Potenzial nicht nur durch eine aktuelle, einmalige, industrielle Revolution erfolgen, sondern ein aktuelles Thema bleiben werden. Auch wenn manche Geschäftsmodelle zunächst nur langsam verändert werden, können sie plötzlich in kürzester Zeit hohe Nutzerzahlen mit exponentiellem Wachstum mobilisieren. Dies muss nicht nur für Konsumententechnologien stimmen, sondern lässt sich auch auf das Konzept der Industrie 4.0 mit vernetzten Maschinen und interorganisationalen Netzwerken übertragen. Daher ist es bedeutend, dass moderne Führungskräfte über ihre Fachbereiche hinaus kollaborieren und den Markt gemeinsam wachsam beobachten, um wie Wettbewerbsposition ihres Unternehmens abzusichern. Eine

Positionierung von IT-Fachpersonal im Top-Management ist dabei sowohl aus Sicht der Digitalisierung als auch aus Sicht des Service-Managements sinnvoll. Denn auch um einen gewissen Grad der Standardisierung zu etablieren, sollte das Unternehmen über eine einheitliche Service-Strategie sowie ein Unfied-Endpoint-Management verfügen. An dieser Stelle kann das ITSM mit Prozessen der Service-Strategy und dem Continual-Service-Improvement, bzw. dem kontinuierlichen Verbesserungsprozess, aktiv genutzt werden. Dennoch stand ITSM bzw. ITIL in der Kritik, für kleine und mittlere Unternehmen nicht geeignet zu sein. Auch wenn es entsprechend schlankere ITSM-Frameworks für diese Unternehmen gibt, sollte bei weiteren Evolutionsstufen des ITSM eine Reduktion der Komplexität angestrebt werden. Die Digitalisierung erlaubt auch, Prozesse digital abzubilden und zu simulieren. Wie im Kapitel „Clusterinitiativen und Partnernetzwerke" angesprochen, ist die Simulation von realitätsnahen Prozessen ein vielversprechender Trend. Hierdurch können geplante Prozesse abgebildet und getestet werden, bevor sie in der Realität implementiert werden. In Kollaboration mit Partnern und Fachbereichen können somit in Iterationen wesentlich effektivere und effizientere Strukturen für den jeweiligen Anwendungsfall erarbeitet werden. Dies wiederum könnte vordefinierte Prozesse durch das ITSM auf einen reinen Inspirationsansatz reduzieren, während das Ziel der jeweiligen Prozesse in den Vordergrund tritt: exzellente Services.

Abschließend lässt sich ein Gedankenspiel hinzufügen. Die ursprüngliche Idee der Digitalisierung war die Abstraktion und Übermittlung von Informationen durch binäre Signale (Digitization). Dabei wurde das Medium nicht näher definiert. Alles, was den Zustand „1" und „0" darstellen kann, kann als Medium genutzt werden. Die Digitalisierung kann entsprechend als ein Prinzip verstanden werden, welches unabhängig von der eingesetzten Technologie gültig ist. Aktuell kann das Prinzip der Digitalisierung, also die Abstraktion und Übermittlung von digitalisierten Informationen, durch die Informationstechnologie und den technischen Fortschritt enorm skalieren. Dazu tragen verbesserte Möglichkeiten in der Speicherung, der Übermittlung, der Vernetzung und der generellen Verfügbarkeit von Informationen bei. Dies geht so weit, dass die Digitalisierung mittlerweile einen Stellenwert erreicht, der das gesellschaftliche Leben verändert. Das liegt aber auch vornehmlich daran, dass die Digitalisierung bei der generellen Kommunikation hilft. Die Digitalisierung sollte daher nicht nur auf aktuell technische Möglichkeiten reduziert werden, wie z.B. die SMAC-Technologien. Eher werden die technischen Möglichkeiten, ähnlich wie unterschiedliche Sprachen, in unterschiedlichen Reifegraden verbessert, um das Konzept der Digitalisierung effektiver zu gestalten. Je größer also der technologische Fortschritt sein wird, desto tiefgreifender kann sich die Digitalisierung in der Gesellschaft und Geschäftswelt ausbreiten. Gleichzeitig hilft die Digitalisierung dabei, einen technischen Fortschritt durch bessere Kollaboration und Kommunikation zu erreichen. Managementpraktiken und -konzepte, wie das ITSM, verlieren im Kern nicht an Relevanz, müssen aber ebenfalls auf aktuelle Bedingungen angepasst werden. In Hinblick auf intelligente Systeme, künstliche Intelligenz und Quantencomputer bleibt das Potenzial der Digitalisierung weiterhin offen.

Quellenverzeichnis

Brenner, Rudolf (2017): BMC Innovation Suite. Quantensprung von ITSM zu Digital Service Management, [online] https://www.frox.ch/bmc-innovation-suite/ [04.12.2017].

Buchholz, Birgit und Leo Wangler (2017): Digitalisierung und neue Geschäftsmodelle, in: Wittpahl, Volker (Hrsg.), *Digitalisierung. Bildung, Technik, Innovation*, Berlin: Springer-Verlag, S. 176-183.

Drogseth, Dennis Nils (2015): EMA Research Report. What Is the Future of IT Service Management?,[online] http://research.enterprisemanagement.com/rs/ema/images/EMA-ITSMFutures-2015-RR.pdf [04.12.2017].

Drogseth, Dennis Nils (2016a): Introducing IT Service Management (ITSM) 2.0: A Cornerstone for Digital and IT Transformation, [online] http://blogs.enterprise management.com/dennisdrogseth/2016/09/27/introducing-service-management-itsm -20-cornerstone-digital-transformation/ [04.12.2017].

Drogseth, Dennis Nils (2016b): The Magnificent Seven ITSM 2.0 Challenges, [online] http://blogs.enterprisemanagement.com/dennisdrogseth/2016/10/11/magnificent-itsm-20-challenges/ [04.12.2017].

Forbes Insights von (2017): Delivering Value to Today's Digital Enterprise. The State of IT Service Management, in: *Forbes Insights 2017* (212.367.2662). Jersey City: Forbes, Inc.

Gassmann, Oliver und Philipp Sutter (2016): *Digitale Transformation im Unternehmen gestalten. Geschäftsmodelle, Erfolgsfaktoren, Handlungsanweisungen, Fallstudien*, München: Carl Hanser Verlag.

Gassmann, Oliver und Philipp Sutter (2016): Software erobert die Welt, in: Oliver Gassmann und Philipp Sutter (Hrsg.), *Digitale Transformation im Unternehmen gestalten. Geschäftsmodelle, Erfolgsfaktoren, Handlungsanweisungen, Fallstudien*, München: Carl Hanser Verlag, S. 1-14.

Greene, Jarod (2016): Gartner's Take on Enterprise Service Management Is Right, But for the Wrong Reasons, [online] https://www.cherwell.com/blog/gartners-take-on-service-management-is-right-but-for-the-wrong-reasons [04.12.2017].

Hamidian, Kiumars und Christian Kraijo (2013): DigITalisierung Status quo, in: Frank Keuper, Kiumars Hamidian, Eric Verwaayen, Torsten Kalinowski, Christian Kraijo (Hrsg.), *Digitalisierung und Innovation. Planung, Entstehung, Entwicklungsperspektiven*, Wiesbaden: Springer-Gabler-Verlag, S. 5-21.

Heat Software (2015): Beyond ITSM 2.0, [online] http://pages.heatsoftware.com/rs/905-SET-432/images/Solution%20Brief-Legacy%20ITSM%202.0.pdf [04.12.2017].

IBM (2016): Cognitive IT Service Management. The Future is Now, [online] https://youtu.be/hRj_I3dm--8 [16.11.2017].

IDG (2016): The Future of IT Service Management in a World of Digital Transformation, [online] http://www.cio.com/article/3104144/it-service-management/the-future-of-it-service-management-in-a-world-of-digital-transformation.html [04.12.2017].

Kalinowski, Torsten und Eric Verwaayen (2013): DigITalisierung quo vadis?, in: Frank Keuper, Kiumars Hamidian, Eric Verwaayen, Torsten Kalinowski, Christian Kraijo (Hrsg.), *Digitalisierung und Innovation. Planung, Entstehung, Entwicklungsperspektiven*, Wiesbaden: Springer-Gabler-Verlag, S. 489-495.

Kenfield, Mitch (2017): The Future of IT Service Management in a World of Digital Transformation, [online] https://advisory.kpmg.us/blog/articles/2017/03/cio-future-it-service-transformation.html [04.12.2017].

Keuper, Frank, Kiumars Hamidian, Eric Verwaayen, Torsten Kalinowski, Christian Kraijo (2013): *Digitalisierung und Innovation. Planung, Entstehung, Entwicklungsperspektiven*, Wiesbaden: Springer-Gabler-Verlag.

Khan, Shahyan (2016): *Leadership in the Digital Age. A Study on the Effects of Digitalisation on Top-Management Leadership*, Stockholm: Stockholm University.

Kostoulas, John (2017): Why HR Needs to Move from Digitization to Digitalization, [online]   http://blogs.gartner.com/john-kostoulas/2017/07/03/why-hr-needs-digitalization/ [04.12.2017].

Kreuzer, Anton (2016): ITSM 2.0: Neue Potenziale für Geschäftserfolg und IT-Sicherheit, [online] https://www.it-daily.net/it-management/system-service-management/13984-itsm-2-0-neue-potenziale-fu-r-geschaeftserfolg-und-it-sicherheit [04.12.2017].

Künzel, Matthias und Gerd Meier zu Köcker (2017): Rolle von Clusterinitiativen im Kontext der digitalen Wirtschaft am Beispiel Industrie 4.0, in: Wittpahl, Volker (Hrsg.), *Digitalisierung. Bildung, Technik, Innovation*, Berlin: Springer-Verlag, S. 185-192.

Li, Mahei, Christoph Peters und Jan Marco Leimeister (2017): Digitale Service-Systeme, in: Oliver Gassmann und Philipp Sutter (Hrsg.), *Digitale Transformation im Unternehmen gestalten. Geschäftsmodelle, Erfolgsfaktoren, Handlungsanweisungen, Fallstudien*, München: Carl Hanser Verlag, S. 29-38.

Mann, Stephen (2016a): What is Enterprise Service Management (ESM). ITSM 101 #10, [online] https://youtu.be/0fHPG5Emh8E?list=PL_R2TKb71YyXSyxx268Uo6ohGAXPKElUs [16.08.2017].

Mann, Stephen (2016b): Breaking Enterprise Service Management Down. ITSM 101 #11, [online] https://youtu.be/icNAMnLueuc?list=PL_R2TKb71YyXSyxx268Uo6ohGAXPKElUs [16.08.2017].

Mann, Stephen (2016c): What's driving ESM adoption. ITSM 101 #12, [online] https://youtu.be/6lYISyQdLbY?list=PL_R2TKb71YyXSyxx268Uo6ohGAXPKElUs [16.08.2017].

Mann, Stephen (2016d): Benefits of Enterprise Service Management (Part 1). ITSM 101 #13, [online], https://youtu.be/mz2ijtLRaLc?list=PL_R2TKb71YyXSyxx268Uo6ohGAXPKElUs [16.08.2017].

Mann, Stephen (2016e): Benefits of Enterprise Service Management (Part 2). ITSM 101 #14, [online], https://youtu.be/s69175-hQ1A?list=PL_R2TKb71YyXSyxx268Uo6ohGAXPKElUs [16.08.2017].

Mann, Stephen (2016f): Some practical applications of Enterprise Service Management. ITSM 101 #17, [online], https://youtu.be/aohGB7-ql0g?list=PL_R2TKb71YyXSyxx268Uo6ohGAXPKElUs [16.08.2017].

Marsh, Chris, Chris Dunn und Bruce Aboudara (2016): Who You Gonna Call? Arm the Service Desk to Ghost-Bust Issues Before They Occur, [online] https://www.brighttalk.com/webcast/10363/230665 [10.08.2017].

McKenna, Katie (2017): 6 Ways Digital Experience Impacts the Service Desk, [online] https://itsm.tools/2017/01/10/6-ways-digital-experience/ [04.12.2017].

Moreno, Hugo (2017): How IT Service Management Delivers Value to the Digital Enterprise, [online] https://www.forbes.com/sites/forbesinsights/2017/03/16/how-it-service-management-delivers-value-to-the-digital-enterprise/#5d024999732c [04.12.2017].

Moser, Daniel, Christoph H. Wecht und Oliver Gassmann (2016): Digitale Plattformen als Geschäftsmodell, in: Oliver Gassmann und Philipp Sutter (Hrsg.), *Digitale Transformation im Unternehmen gestalten. Geschäftsmodelle, Erfolgsfaktoren, Handlungsanweisungen, Fallstudien*, München: Carl Hanser Verlag, S. 71-83.

Ozkan, Adam (2016): How Digital Transformation is Disrupting IT Service Management, [online] https://blogs.cisco.com/datacenter/how-digital-transformation-is-disrupting-it-service-management [04.12.2017].

Purohit, Robin (2015): Digital Service Management: A New Vision for ITSM, [online] http://www.bmc.com/blogs/a-new-vision-for-itsm-digital-service-management/ [04.12.2017].

Samulat, Peter (2017): *Die Digitalisierung der Welt. Wie das Industrielle Internet der Dinge aus Produkten Services macht*, Hamburg: Springer-Gabler-Verlag.

Sauer, Roman, Martina Dopfer, Jessica Schmeiss und Oliver Gassmann (2016): Geschäftsmodell als Gral der Digitalisierung, in: Oliver Gassmann und Philipp Sutter (Hrsg.), *Digitale Transformation im Unternehmen gestalten. Geschäftsmodelle, Erfolgsfaktoren, Handlungsanweisungen, Fallstudien*, München: Carl Hanser Verlag, S. 15-27.

Shewmake, Brad (2017): 88 Percent of IT Executives Affirm IT Service Management is Important to Digital Transformation Efforts, Driven by its Significance to Cloud Computing Efforts, [online] http://newsroom.bmc.com/phoenix.zhtml?c=253321&p=irol-newsArticle&ID=2252315 [04.12.2017].

Urbach, Nils (2017): Bimodale IT, [online] http://www.enzyklopaedie-der-wirtschaftsinformatik.de/lexikon/is-management/Software-Projektmanagement/bimodale-it/bimodale-it [04.12.2017].

Urbach, Nils und Frederik Ahlemann (2016): *IT-Management im Zeitalter der Digitalisierung. Auf dem Weg zur IT-Organisation der Zukunft*, Bayreuth: Springer-Gabler-Verlag.

Urbach, Nils und Frederik Ahlemann von (2017): Die IT-Organisation im Wandel: Implikationen der Digitalisierung für das IT-Management, in: *HMD Praxis der Wirtschaftsinformatik*, Heft 3/2017, Nr. 54, S. 300–312.

Vogelsang, Michael (2010): Digitalization in Open Economies. Theory and Policy Implications, Wuppertal: Springer-Verlag.

Weinberger, Markus, Dominik Bilgeri und Elgar Fleisch (2016): 20 Linsen auf digitale Geschäftsmodelle, in: Oliver Gassmann und Philipp Sutter (Hrsg.), *Digitale Transformation im Unternehmen gestalten. Geschäftsmodelle, Erfolgsfaktoren, Handlungsanweisungen, Fallstudien*, München: Carl Hanser Verlag, S. 65-70.

Wittpahl, Volker (2017): *Digitalisierung. Bildung, Technik, Innovation*, Berlin: Springer-Verlag.